HAFENBUCH
HAMBURG

Text: Michael Martin
Fotos: Nicole Keller und Oliver Schumacher

Vorwort

Wieso verbringt man Monate damit, Texte zu recherchie-
ren, Bilder zu schießen und Buchseiten zu gestalten?
Und das alles für eine riesige Industrieanlage? Weil der
Hafen für uns Hamburger mehr ist als diese Anlage.
Wo sonst sitzen die Menschen am Strand, schauen auf
Dockanlagen und Containerbrücken und finden das auch
noch romantisch?

Dieses Hafenbuch ist für Liebhaber. Für Kenner und
Besucher, für Hafenfreaks, aber auch für diejenigen, die
sich einfach gern gefangen nehmen lassen wollen von
der Begeisterung für den Hafen.

Viel Spaß beim Entdecken!

Michael Martin, Nicole Keller, Oliver Schumacher
Hamburg, im August 2008

Inhalt

Container

**„I don't have vessels,
I have seagoing trucks."**

Malcolm McLean – Erfinder des Containers

Am 26. April 1956 fuhr die „Ideal X", ein umgebautes Tankschiff, mit 58 Stahlkisten an Bord von Port Newark, New Jersey, nach Houston, Texas. Damit verwirklichte der amerikanische Transportunternehmer Malcolm McLean einen lang gehegten Traum.

19 Jahre zuvor hatte er mit seinem Truck an der Pier in New Jersey gestanden und auf eine Ladung Baumwolle gewartet. Er sah den Hafenarbeitern zu, wie sie mühsam die Ballen vom Schiff an Land holten.

Malcolm McLeans Idee war simpel: Wäre es nicht viel einfacher, den Truck samt Fracht auf ein Schiff zu verladen? Um die Aufbauten übereinander stapeln zu können, ließ er dann noch das Fahrgestell weg, und der Container war geboren. Eine Reederei, die seine Idee verwirklichen wollte, fand McLean allerdings nicht, und so verkaufte er seine erfolgreiche Spedition und gründete selbst das Transportunternehmen „Sea-Land Corporation". Damit wurde er zum Pionier des Containerverkehrs. Später prägte er den Ausspruch: „I don't have vessels, I have seagoing trucks."

Der große Vorteil des Containers ist, dass man die Ware nicht umladen muss, wenn sie von einem Transportmittel auf das nächste befördert wird.

Außerdem bietet dieser transportable Lagerschuppen einen gewissen Schutz für die Ware und wird samt Inhalt auf dem Lkw, auf dem Bahnwaggon oder auf dem See- und Binnenschiff transportiert.

Am 6. April 1966 lief die „MS Fairland" in Bremen ein und brachte die ersten Container nach Deutschland. Ein wenig später wurde die Blechkiste dann auch im Hamburger Hafen von Bord eines Schiffs geholt. Eine weltweite Norm für die Kiste entstand 1968. An dieser Normierung war auch der Hamburger Unternehmer Kurt Eckelmann beteiligt. Als man in Hamburg noch nicht so recht an den Erfolg des Containers glaubte, hatte Kurt Eckelmann den Mut, mit dem Aufbau eines privatwirtschaftlich geführten Containerterminals in Hamburg zu beginnen. Das war 1961. Als Hafenexperte war er dann 1964 zusammen mit der deutschen Delegation, die über die Containermaße verhandeln sollte, in Paris. Er traf sich mit Amerikanern, Russen und Franzosen und war maßgeblich an einer Einigung über die noch heute international geltenden Abmessungen beteiligt. Im legendären „Crazy Horse" legte er mit dem

Leiter der amerikanischen Delegation geschickt und bei reichlich Whiskey den Grundstein des späteren Kompromisses für die Standardmaße des Containers.

Der 20-Fuß-Standard-Container hat eine Länge von 6,06 Metern, eine Breite von 8 Fuß (2,44 m) und eine Höhe von 8 Fuß 6 Zoll (2,59 m). Leer wiegt er ca. 2.300 Kilogramm und kann je nach Ausführung bis zu 28 Tonnen Ladung aufnehmen.

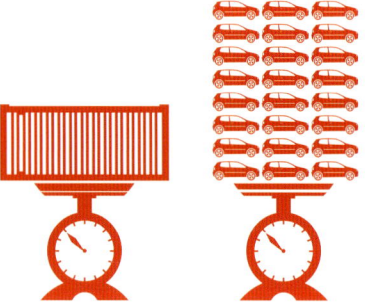

28 Tonnen Ladung = 24 VW-Golf V

Die Maßeinheit des 20-Fuß-Containers wird mit einem TEU (Twenty-foot Equivalent Unit) angegeben und macht damit einen halben Lkw-Zug (in Deutschland) aus.

Sein großer Bruder, der 40-Fuß-Standard-Container, hat in Höhe und Breite die gleichen Abmessungen, ist mit 12,19 Metern aber doppelt so lang. Er macht einen ganzen Lkw-Zug aus und wird mit zwei TEU gezählt. Sein Leergewicht beträgt ca. 3.900 Kilogramm und sein durchschnittliches Fassungsvermögen 26 Tonnen. Wenn die Kapazität eines Schiffs mit 6.000 TEU bezeichnet wird, kann es 6.000 der 20-Fuß-Standard-Container an Bord nehmen. Viele Containerschiffe haben inzwischen allerdings weitaus mehr 40-Fuß- als 20-Fuß-Container an Bord.

Wer über Globalisierung spricht, darf vom Container nicht schweigen, denn er stellt die logistische Hauptsäule für diese Entwicklung dar. Heute sind etwa 14 Millionen Container auf den Weltmeeren unterwegs, in TEU gerechnet sind das ca. zwanzig Millionen, von denen nach Expertenmeinung übrigens bis zu 10.000 Stück im Jahr über Bord gehen. Die meisten werden in China hergestellt, ihre durchschnittliche Einsatzdauer liegt bei zwölf Jahren. Die Wände bestehen in der Regel aus Stahl, der Boden ist mit Holzplatten belegt.

Ungefähr die Hälfte aller Container gehört den Reedereien, die andere Hälfte wird von Leasinggesellschaften bereitgestellt. Für den Kauf eines 20-Fuß-Containers muss man heute ca. 2.300 Euro auf den Tisch legen.

Was passt in einen 20-Fuß-Container?

5 Millionen Zigaretten

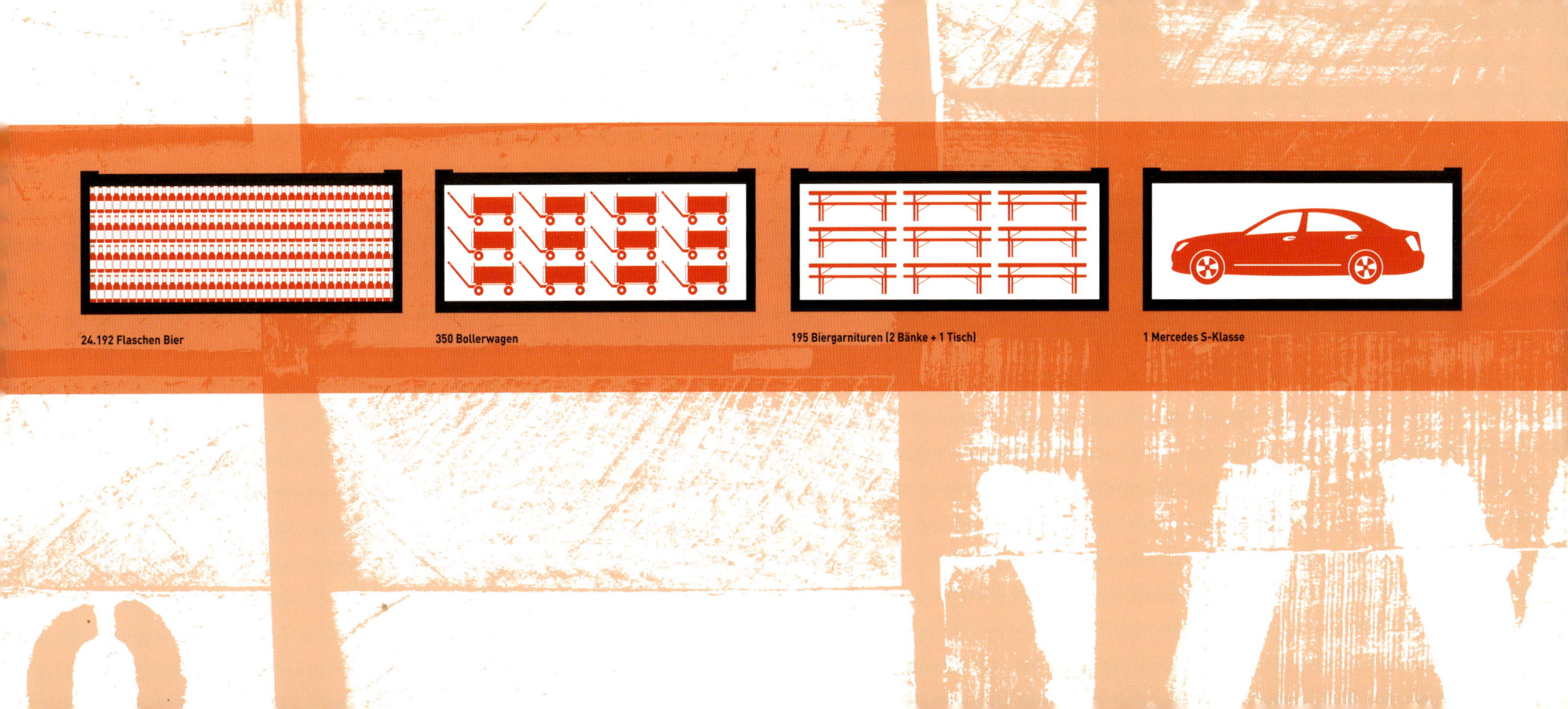

24.192 Flaschen Bier

350 Bollerwagen

195 Biergarnituren (2 Bänke + 1 Tisch)

1 Mercedes S-Klasse

Das Handling, also das „Anfassen" eines Containers, ist weltweit normiert und wird mit dem sogenannten Spreader vorgenommen. Diese Teleskop-Konstruktion aus Stahl kann auf die Länge eines Containers variiert werden und hat an jeder Ecke Drehzapfen (twist locks).

Diese Zapfen greifen von oben in jede der vier Containerecken (corner casting), werden dann gedreht und sind auf diese Weise verriegelt.

Am Hafenrand …

Die Abmessungen eines Standard-Containers sind für Ware, die auf Euro-Paletten (1,20 m x 0,80 m) transportiert wird – und das ist eine ganze Menge –, auch heute noch denkbar ungünstig. Bei einer Containerbreite von 2,33 Metern (Innenmaß) fehlen nur wenige Zentimeter, um zwei Paletten quer nebeneinander zu stellen. Stattdessen müssen je eine Palette quer und längs nebeneinander angeordnet werden. Auf diese Weise geht natürlich wertvoller Stauraum verloren. Als die international geltenden Abmessungen festgelegt wurden, wurde darauf keine Rücksicht genommen. Dafür entwickelte man später einen besonderen Containertyp, den palettenbreiten Container. Dieser wird vornehmlich in den Short-Sea-Verkehren eingesetzt und für innereuropäische Transporte genutzt.

Obwohl Hamburg ein Universalhafen ist, also ein Hafen, in dem jedes Gut umgeschlagen werden kann, hat der Umschlag von Waren, die im Container transportiert werden, eine ganz besondere Bedeutung.

Immerhin über 97 % des Stückguts geht von Hamburg in der Box auf die Reise. Neben dem Standard-Container gibt es mittlerweile eine Vielzahl von verschiedenen Containertypen, z.B. den High-Cube, der ein bisschen höher ist (9 Fuß 6 Zoll = 2,90 m), den 45-Fuß-Container, der ein bisschen länger ist, das Flat Rack, das sich als Transportplattform für große Maschinen und andere Schwergüter eignet, den Open-Top-Container, bei dem das Transportgut nach oben herausragt, oder den Kühlcontainer, ohne den unsere Lebensmittelregale nicht so reichhaltig gefüllt wären.

Der Container wird auch einfach „Kiste" oder „Box" genannt, und in Hamburg hört man häufig: „Wo steht denn der Kübel?"

Damit die Kisten identifiziert werden können, haben sie in der oberen rechten Ecke eine weltweit nur einmal vergebene Kombination aus vier Buchstaben und sieben Zahlen. Die ersten drei Buchstaben weisen auf den Eigentümer hin. Und für alle, die es interessiert: Auf der „prefixlist" im Internet wird eine Vielzahl der Eigentümerschlüssel erläutert.

Ein Vergleich:

Früher, d.h. als es noch keine Container gab und das Stückgutgeschäft mittels Säcken, Bündeln, Ballen mit Sackkarre und Muskelkraft betrieben wurde, benötigte man für das Löschen und Laden eines Stückgutschiffs wie der Cap San Diego, die eine Tragfähigkeit von um die 10.000 Tonnen hat, im Schnitt sieben Tage. Die Cap San Diego ist 1961 vom Stapel gelaufen und seit einigen Jahren im Hamburger Hafen als Museumsschiff zu besichtigen.

Heute hat ein Containerschiff durchschnittliche Be- und Entladeraten von 2.400 Tonnen pro Stunde. Diese Werte können allerdings schnell überschritten werden, denn eine einzelne Containerbrücke kann innerhalb von zwei Minuten mit einem einzigen Container bereits bis zu 28 Tonnen Ladung von Bord an Land bewegen, und häufig arbeiten fünf Containerbrücken gleichzeitig an einem Schiff. Selbst die sogenannten Mega-Carrier können bei dieser Ladegeschwindigkeit bereits nach zwei Tagen den Hafen wieder verlassen.

Die komplette Fracht der Cap San Diego würde also heute im Container innerhalb von maximal acht Stunden komplett gelöscht und wieder geladen sein. Und das Ganze mit einem Bruchteil der Arbeiter, die man früher dafür gebraucht hätte. Auf bzw. an einer Containerbrücke arbeiten heute fünf Personen. In den 1920er Jahren strömten jeden Tag Zehntausende von Hafenarbeitern an den Landungsbrücken zu den Barkassen, die sie zu ihren Arbeitsplätzen im Hafen brachten. 1965 waren es noch 14.000, die im direkten Kaiumschlag arbeiteten, heute sind es ca. 5.000.

Trotzdem steigt die Zahl der vom Hafen abhängigen Arbeitsplätze. Über 150.000 Menschen sind hier beschäftigt – mit steigender Tendenz.

Die Werte der Waren, die in einem Container befördert werden, schwanken sehr. Sie bewegen sich zwischen durchschnittlich 20.000 und 100.000 Dollar pro Container, je nach Fahrtgebiet. Schnell können wesentlich höhere Werte erreicht werden. Wenn ein 20-Fuß-Container mit hochwertigen elektronischen Artikeln beladen wird, kann durchaus eine

Summe von über einer Million Dollar zusammenkommen. Der Warenwert eines 20-Fuß-Containers mit Zigaretten im mittleren Preissegment beläuft sich auf ca. 80.000 Dollar (ohne Steuer, in Deutschland kommen noch mal 75 Prozent obendrauf).

CONTAINER TERMINAL ALTENWERDER

CONTAINER TERMINAL ALTENWERDER

CONTAINER TERMINAL ALTENWERDER

CONTAINER TERMINAL ALTENWERDER

13

Die ersten Vollcontainerschiffe der Hapag und des Bremer Norddeutschen Lloyd hatten 1968 eine Kapazität von ca. 750 TEU. Die zurzeit größten Containerschiffe der Welt, die „Emma Maersk" und ihre Schwesterschiffe, können mit ca. 14.500 TEU fast das Zwanzigfache transportieren, und das mit gerade mal 13 Mann Besatzung. Die Emma Maersk ist 56 Meter breit, 397 Meter lang und mit einer Gesamthöhe von 68 Metern etwa halb so hoch wie der Hamburger Michel. Sie transportiert 22 Container neben- und 19 Container übereinander.

8 m

Einfamilienhaus

9,6 m

Schiffsschraube Emma Maersk

12 m

Van Carrier

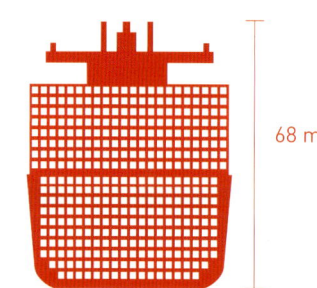

68 m

Emma Maersk

132,14 m

Hamburger Michel

Angesichts dieser Kapazitäten ist es wenig erstaunlich, dass der Transport an Land inzwischen um ein Mehrfaches höhere Kosten verursacht als der Transport per Seeschiff.

Auf die Flasche australischen Rotwein entfallen Transportkosten nach Hamburg von ca. 15 Cent.

In Hamburg gibt es heute zwei große Containerumschlagsunternehmen: Die Hamburger Hafen und Logistik Aktiengesellschaft (HHLA) betreibt insgesamt drei Containerterminals. Der größte Hamburger Terminal ist der Container Terminal Burchardkai (CTB), daneben gibt es noch den Container Terminal Altenwerder (CTA), einer der modernsten Terminals weltweit, und den Container Terminal Tollerort (CTT). Das zweite Unternehmen ist die Firma Eurogate mit dem Container Terminal Hamburg (CTH), der wie der CTB am Waltershofer Hafen angesiedelt ist. Eurogate ist ein Joint Venture von Eurokai, ein ursprünglich von Kurt Eckelmann gegründetes Hamburger Unternehmen, und der im Eigentum des Bundeslandes Bremen befindlichen BLG Logistics. Es ist mit weiteren europäischen Standorten und einem Gesamtumschlag von 13,8 Millionen TEU in 2007 Europas größter Terminaloperator.

Die Einführung des Containers hat das Bild der Häfen und deren Arbeitsweise rund um den Erdball völlig verändert, ja revolutioniert. Damit mussten sich Terminals, Schiffe, Lkw, Züge und nicht zuletzt die Hafenarbeiter (jedenfalls diejenigen, die ihren Job noch hatten, nachdem sich der Wandel vollzogen hatte) weitreichenden Veränderungen anpassen. Die Lage der Unternehmen, die im Umfeld des Containergeschäfts tätig sind, ist freilich so gut wie nie zuvor. Die Wachstumsraten im Containerumschlag waren in den letzten Jahren fast immer zweistellig, und die Zukunftsprognosen sagen ein weiteres Wachstum mit ähnlichen Zahlen voraus.

Container

Umschlagmengen der Häfen 2007
im weltweiten Vergleich in TEU:

1	Singapur (Singapur)	27,9 Mio. TEU = + 12,7 % gegenüber 2006	
2	Shanghai (China)	26,2 Mio. TEU = + 20,1 %	
3	Hongkong (China)	23,9 Mio. TEU = + 1,5 %	
4	Shenzen Ports (China)	21,1 Mio. TEU = + 14,2 %	
5	Pusan (Südkorea)	13,3 Mio. TEU = + 10,5 %	
6	Rotterdam (Holland)	10,8 Mio. TEU = + 11,8 %	
7	Dubai Ports (VAE)	10,7 Mio. TEU = + 19,9 %	
8	Kaohsiung (Taiwan)	10,2 Mio. TEU = + 4,4 %	
9	**Hamburg**	**9,9 Mio. TEU = + 11,6 %**	
10	Quingdao (China)	9,5 Mio. TEU = + 22,9 %	

Zum Vergleich: Bremen Ports: 4,9 Mio. TEU

Quelle: Hafen HH Marketing 08

9246580

Menschen & Berufe

„Come, Mister Tallyman, tally me banana", so hat Harry Belafonte in seinem berühmten Banana Boat Song den Tallymann besungen. Man denkt dabei an die Karibik, an schaukelnde Schiffe und an die gelben Südfrüchte. Aber wer weiß schon, was Belafonte da eigentlich singt und was ein Tallyman ist?

Wie der Schauermann gehört der Tallymann zu jenen Berufen, deren Bezeichnung und Aufgaben sich durch die Veränderung von Arbeitsabläufen im Hafen stark gewandelt haben. Aber auch heute gibt es im Hafen immer noch Berufe, von denen man im Leben noch nichts gehört hat. Da gibt es den Festmacher, den Quartiersmann oder den Bananenreifemeister, von denen man sich vielleicht noch vorstellen kann, was sie machen. Aber was bitte macht der Lascher?

Der Begriff Tallymann stammt aus dem Englischen. Tally bedeutet Rechnung oder Abrechnung, und to tally heißt abhaken oder nachzählen. Der Tallymann war für die mengenmäßige Erfassung der Ware zuständig, die über die Kaikante ging. Auch das Messen bzw. Vermessen der Ware gehörte zu seinem Aufgabenbereich. Gleichzeitig nahm er sichtbare Schäden an der Ware auf. Die Tallyleute mussten auch ziemlich plietsch im Rechnen sein. Verschiedenste Maßeinheiten wie Kubikfuß oder short ton waren umzurechnen. Damit hatte der Tallymann immer eine große Verantwortung, denn seine Unterlagen dienten zum großen Teil der späteren Abrechnung.

Tallyarbeiten gibt es auch heute noch im Hafen. Die heutigen „Tallymänner", die übrigens „Fachkraft für Hafenlogistik" heißen, stehen oft nicht mehr am Schiff, sondern am Container. Dort wird heute mit elektronischen Scannern gezählt. Die auf der Ware angebrachten Barcodes werden abgelesen und anschließend auf elektronischem Weg weiterverarbeitet.

Vor einem Schauermann muss man sich nicht fürchten, höchstens vor der harten Arbeit, die er verrichtet, und mit Regen oder Schnee hat er auch nichts zu tun. Wie viele andere Begriffe aus der Seefahrt stammt auch dieser ursprünglich aus den Niederlanden. Der Sjouwerman (von niederl. sjouwen = schleppen, hart arbeiten) watete durch die See und trug Lasten an oder von Bord.

Zuzeiten der klassischen Stückgutdampfer war die Arbeit der Schauerleute sehr gefragt. Eine Menge Leute wurden zum Beladen und Löschen benötigt. Meist als einfache Tagelöhner mit sechs Kollegen in einer sogenannten „Gang" pro Schiffsluke zusammengefasst, verrichteten sie die körperlich harte Arbeit.

Sie bewegten die Säcke, Kisten, Bündel, Ballen und Fässer und stauten diese an den richtigen Ort im Schiff, damit diese während der Seefahrt nicht verrutschten. Pro Gang gab es beispielsweise ein „Pensum" von 3.600 Sack Kakao oder Kaffee à 60 bis 80 kg pro Schicht zu stauen. Das waren immerhin 600 Sack innerhalb von 7,5 Stunden, pro Mann also mehr als ein Sack in der Minute. Die Arbeit der Schauerleute war aber nicht nur hart und gefährlich, sondern oft auch schmutzig. Eine ganz besondere Spezies waren die sogenannten „schwarzen Schauerleute". Sie schleppten schwere Kohlesäcke und sahen entsprechend aus.

Den Beruf des Schauermanns gibt es heute nicht mehr. Man sieht heute im Hafen keine Männer mehr mit schweren Säcken auf der Schulter über wackelige Stege aufs Schiff gehen. Heute werden die Schiffe mit Kränen beladen und die Container mit Gabelstaplern. Nur manchmal werden Container noch per Hand beladen, wenn der Platz optimal ausgenutzt werden soll. Beispielsweise beim Transport von Kaffee in Säcken im Container, die Säcke werden dann jeweils von zwei Mitarbeitern im Container verstaut.

Vom Zuckersackschlepper zum Jacketträger

Welche Karrieren im Hafen möglich sind, zeigt der Lebenslauf von Derek Stafford. Wegen der schlechten Arbeitsmarktsituation kam der 1960 in England geborene Stafford 1982 nach Hamburg und unterschrieb beim Traditionsunternehmen Buss als „stevedore" (also als Stauer) einen Arbeitsvertrag. Ein Jahr wollte er bleiben, ordentlich Geld verdienen und anschließend mit seiner Frau auf Weltreise gehen.

Es kam anders, zehn Jahre lang schleppte er die schweren Säcke, lud Ballen und bewegte Fässer, die bis zu 400 Kilogramm wogen, an die jeweils richtigen Plätze im Schiff. Es war harte Arbeit, aber sie machte ihm Spaß, und er sammelte eine Menge Erfahrung. 1992 stieg Stafford zum „Stauerviz" auf. Er teilte nun die ihm zugewiesenen Schauerleute ein und setzte die Staupläne der konventionellen Güter um. Da kamen ihm seine englischen Sprachkenntnisse sehr zugute. Denn der Stauerviz muss nicht nur Kontakt zu den Tallyleuten halten, sondern auch zur Schiffsbesatzung, deren Sprache oft Englisch ist.

1997 erstellte er die Staupläne als Stauereiinspektor dann selbst und wechselte nicht ganz ohne Wehmut vom Schiff ins Büro. 2003 wurde er Betriebsleiter, und den wohl vorerst letzten Schritt auf der Karriereleiter machte er 2006, als man ihn zum Geschäftsführer der Gerd Buss Stauerei benannte. Die Arbeit seiner Spezialtruppe, die er nun sowohl operativ als auch kaufmännisch voll zu verantworten hat, ist im Hamburger Hafen zwar nicht in allzu großem Umfang, aber doch kontinuierlich gefragt. Alles passt eben doch nicht in die Kiste. Um die teilweise bis 500 Tonnen wiegenden Maschinenteile an Bord eines Schiffs ordnungsgemäß zu verladen, braucht es einiges an Know How. Durch den überwiegenden Anteil der Transporte im Container ist es heute schwierig geworden, Hafenarbeiter mit entsprechender Erfahrung für diese Art Arbeit zu bekommen. Deshalb muss Stafford mit seinen Leuten auch schon mal nach Übersee zu Spezialeinsätzen mit verrutschter Ladung auf havarierten Schiffen reisen, wo die ortsansässigen Hafenarbeiter mit ihrem Latein am Ende sind.

Die Quartiersleute waren und sind Fachleute, die im Auftrag Dritter als Lagerunternehmer empfindliche Waren sortieren, begutachten, Muster anfertigen und sachkundig zwischenlagern. Das können beispielsweise Gewürze, Kakao- und Kaffeebohnen oder Tee sein. Die Berufsbezeichnung gibt es tatsächlich nur in Hamburg. Die Quartiersleute haben ihre Tätigkeit früher in eigenen Lagern in der Hamburger Speicherstadt ausgeübt.

Da auch dieser Berufsstand sich einem höheren Tempo anpassen musste und das nur über Flächenlagerung möglich ist, gibt es heute in der Hamburger Speicherstadt keine Quartiersleute mehr. Früher taten sich die Quartiersleute immer zu viert (lat. quattuor) zusammen. Der Vormann gab den Namen, und die Partner waren die Consorten. So erinnern heute noch Schriftzüge wie „Eichholtz und Consorten" an den Fassaden der Speicherstadt an die Standorte der alten Lager.

Und was macht ein Lascher? **Der Lascher ist für die korrekte Ladungssicherung von Waren auf Schiffen zuständig. Er befestigt und löst Ladungen auf Schiffen und in Containern.** Aber besonders wichtig ist natürlich das Befestigen des Containers selbst auf dem Schiff. Jeder hat es schon gesehen, die Kisten stehen wie große Bauklötze übereinander gestapelt über Deck der Schiffe. Und wie hält das? Auf den größten Schiffen können bis zu acht Container übereinander gestaut werden.

Nun kann man sich vorstellen, dass sich Schiffe bei Windstärke zehn und schwerer See ordentlich von einer auf die andere Seite neigen. Um ein Verrutschen der Container über Deck zu vermeiden, müssen die Kisten gesichert werden. Die Container über Deck eines Schiffs sind in der Senkrechten übereinander gesichert. Die ersten Lagen werden über Stahlstangen mit dem Decksboden, mit den sogenannten Lukendeckeln verbunden. Ab der dritten Lage sind jeweils nur die vier Eckpunkte eines Containers gesichert. Das ist die Aufgabe des Laschers. Geht ein Container an Bord eines Schiffs, dann bringt der Lascher den 5 bis 7,5 Kilogramm schweren Twistlock vorher an den unteren Eckbeschlägen an. Dafür wird der Container ungefähr einen Meter über dem Erdboden von der Containerbrücke angehoben. Nun gehen die beiden Lascher an die Stirnseiten der Blechkiste und befestigen die „Knaggen", wie die Twistlocks auch genannt werden, jeweils an den unteren Eckbeschlägen des Containers. Erst danach setzt die Containerbrücke den Container an Bord des Schiffs auf einen anderen. Die Knagge verriegelt durch das Aufsetzen auf den darunter liegenden durch einen speziellen Mechanismus. Es gibt jedoch auch Knaggen, die an Bord verriegelt werden müssen. Mit langen Eisenstangen erledigen die Lascher dann diese Arbeit.

Und noch was, Lascherinnen gibt es nicht – Arbeit im Hafen war und ist eine Männerdomäne. Zwar werden nach und nach immer mehr Frauen in den verschiedensten Berufen ausgebildet, und inzwischen steuern sie auf den Terminals die gewaltigen Containerbrücken wie auch die hochbeinigen Van Carrier. Aber zahlenmäßig liegen sie noch weit hinter den männlichen Kollegen.

Der Lascher bringt eine Knagge (Twistlock) am Container an.

Mooring Car

Wie steht es so treffend auf der Internetseite der Arbeitsgemeinschaft Hamburger Schiffsbefestiger, die über eine Stellenausschreibung einen Ausbildungsplatz als Hafenschiffer anbietet: „Das Haupttätigkeitsfeld ist das Fest- und Losmachen von Seeschiffen im Hamburger Hafen", und genau das ist der Job – präziser kann man die Aufgabe des Festmachers, auf Plattdeutsch Fastmoker, nicht beschreiben.

Kommt ein Schiff in den Hafen und will an der Kaikante oder am Dalben (das sind ins Wasser gerammte Pfähle) festmachen, dann warten die Festmacher bereits an Land oder auf ihren PS-starken orangenen Booten, um die Festmacherleine entgegenzunehmen. Es ist ein ziemlicher Knochenjob, das „Auge" der armdicken, zentnerschweren Leinen über den richtigen Poller zu zerren und zu wuchten, bis sie sauber liegen.

Meistens sind die Festmacher an Land gefragt, dann fahren sie mit Kleinlastern (Mooring Cars), die eigens für den Job mit Winden versehen sind, zu den Terminals, wo ihre Arbeit angefordert wird. Ungefähr 20% ihrer Arbeitseinsätze erledigen die Festmacher mit ihren speziellen Festmacherbooten, mit denen sie zu ihren Einsatzorten fahren. Wenn ein Schiff am Dalben festmachen will, dann bringen sie die Leine über den Wasserweg zum Dalben. Das Gefährliche an dieser Tätigkeit ist oftmals das nicht genau kalkulierbare Schraubenwasser der Ozeanriesen und Schlepper, denen die Festmacherboote sehr nahekommen.

Der Bananenkonsum der bundesdeutschen Verbraucher gehört seit Jahren zur Weltspitze. 18 Kilogramm beträgt der durchschnittliche Verbrauch pro Kopf im Jahr. In Hamburg kommt die Banane am O'Swaldkai der HHLA an, und zwar grün und ungenießbar. Von dort geht sie ins Fruchtzentrum, wo sie zwischengelagert wird, und gelangt anschließend zu den Reifekammern, um die appetitliche Farbe und ihre gaumengerechte Konsistenz zu bekommen. Das ist ein hoch sensibler Prozess, der vom speziell ausgebildeten Bananenreifemeister kontrolliert und überwacht wird.

Am Computer reguliert der Reifemeister Temperatur, Luftfeuchtigkeit und die Zugabe von Ethylen, auch Bananengas genannt, welches die Frucht beim Reifeprozess selbst produziert. Das im Reiferaum synthetisch erzeugte Gas ist anfangs nicht ausreichend vorhanden. Es setzt die Reifung in Gang und beeinflusst die natürliche Umwandlung von Stärke in Zucker.

Die „Bananeros" oder auch „Bananen-Clique", so nennen sich der Reifemeister und seine Kollegen, sorgen täglich dafür, dass eine bestimmte Menge von Früchten die Kammern in dem Zustand verlässt, den sich die Verbraucher wünschen.

Auf den Tag genau können sie den Reifeprozess mittels Computer steuern. In einer Ausbildung lernt man das nicht, jahrelang muss man sich mit dem Reifeprozess beschäftigen, bis man das Geschäft versteht und den Job ordentlich ausführen kann. Verkaufspsychologen haben sogar untersucht, welchen der sieben Reifegrade zwischen knatschgrün (1) und überreif braun (7) wir in Deutschland besonders lieben: zwischen drei und vier.

Kammer	Temp oben	Temp unten	Wert	Wert
01	15,1	15,0	20,3	13
02	15,0	14,5	19,5	15
03	16,1	15,0	19,4	16
04	14,2	14,0	20,0	15
05	18,3	☾	20,9	13
06	15,8	15,0	19,7	12
07	15,0	14,5	20,1	23
08	18,7	☾	20,9	12
09	18,7	☾	20,9	12
10	15,6	14,9	19,9	15
11	16,0	15,9	19,8	13
12	19,4	☾	20,9	13
13	19,7	☾	20,9	13
14	19,7	☾	20,9	9
15	16,3	15,9	19,6	10
16	14,5	14,5	20,2	768
17	18,9	☾	20,9	13
18	19,0	☾	20,9	13
19	16,6	14,9	19,5	10
20	15,4	15,4	20,2	15
21	15,4	14,9	19,7	38
22	15,4	14,5	19,8	15
23	16,1	16,0	19,9	755
24	15,1	15,0	20,4	12
25	16,0	16,0	19,0	736
26	15,7	15,5	18,6	759
27	15,1	15,5	19,8	780
28	15,2	16,0	19,8	737
29	15,1	15,0	20,1	13
30	15,0	14,5	20,0	12
31	15,4	15,0	20,1	10
32	15,1	14,9	19,8	15
33	14,9	15,0	19,9	749
34	15,1	14,0	20,1	20
35	15,0	14,5	20,0	19
36	19,5	☾	20,8	19
37	19,6	☾	20,6	19
38	19,6	☾	20,7	35
39	14,1	14,0	19,0	14
40	16,1	16,0	18,9	781
41	15,6	16,0	19,9	808
42	19,2	☾	20,7	19
43	14,6	14,5	19,5	18
44	14,1	14,0	20,1	19
45	18,7	☾	20,8	19
46	14,5	14,5	20,5	24
47	15,2	15,5	19,9	699
48	14,9	14,0	20,0	20
A	15,1	14,0	20,2	13
B	13,7	14,0	20,4	13
C	15,4	14,5	20,7	10
Safe-Kammer	18,5	13,0		
Halte-Kammer	20,0	13,0		
D	19,4	☾	20,6	21
E	19,4	☾	20,7	19
F	17,0	16,4	19,0	760

Kontrolle der Reifekammern am Bildschirm

Reifegrad	Aussehen der Schale	Eigenschaften
1	grün	Farbe zum Verladezeitpunkt
2	grün, mit leichtem Ansatz von gelb	Farbe zum Entladezeitpunkt
3	mehr grün als gelb	Beginnende Verfärbung der Schale zeigt den fortschreitenden Reifeprozess
4	mehr gelb als grün	Richtiger Reifegrad für die Bestellung durch Groß- und Einzelhandel und Auslieferung aus der Reiferei
5	gelb mit grüner Spitze	Bester Zustand für den Verkauf im Einzelhandel, da die Frucht noch einige Tage haltbar ist
6	vollgelb	Frucht besitzt ihr bestes Aussehen und ist sehr schmackhaft. Die Schale ist in diesem Reifezstand sehr empfindlich gegenüber mechanischen Einflüssen.
7	gelb mit braunen Punkten	Kleine braune Flecken zeigen, dass die Frucht vollreif ist. Sie hat nun ihr bestes Aroma und ihren vollen Geschmack.

K

Kaffeeklappen & Versorgung

Essen und Trinken hält Leib und Seele zusammen. Das gilt besonders auf Schiffen, und vielleicht ist ja der Smutje tatsächlich „der wichtigste Mann" an Bord. Im Hafen spielten lange Zeit die sogenannten Kaffeeklappen eine ganz wichtige Rolle für das leibliche Wohl der Hafenarbeiter. Heute haben Kantinen und Imbisse die Versorgung übernommen.

Die Kaffeeklappen sind im Hamburger Hafen so gut wie verschwunden, bis auf eine Ausnahme – dazu aber später mehr. Früher, im 19. Jahrhundert, waren sie einfache Speiselokale für die Arbeiter.

37

Kaffeeklappen, auch Volkskaffeehallen genannt, gab es in vielen europäischen Ländern. In Deutschland standen die meisten in Hamburg und Berlin. In Hamburg wurden sie besonders für die Werft- und Hafenarbeiter eingerichtet. Auf Betreiben eines Komitees zur Errichtung von Volkskaffeehallen wurde am 1. Oktober 1885 die erste „Kaffee- und Speisehalle" in der Wexstraße eröffnet.

Den Kaffee und die Gerichte reichte das Personal damals durch eine Klappe von der Küche in die Speiseräume, daher der Name „Kaffeeklappe". Schnaps gab es keinen, denn die bürgerlichen Bemühungen zur Eindämmung des Alkoholkonsums waren einer der Gründe für die Einrichtung der Kaffeeklappen. Es gab, wie man sich denken kann, Kaffee und günstiges Essen. 1909 waren in Hamburg 23 Kaffeeklappen unter Dampf, die täglich ca. 70.000 Mittagessen bereiteten. Vierzig Pfennige zahlten die Gäste im Durchschnitt pro Essen. Das entsprach in etwa einem Zehntel des Tagesverdienstes eines Hafenarbeiters.

Mit Einzug des Containers und den damit verbundenen weitreichenden Veränderungen verschwanden die Kaffeeklappen aus dem Hafen. 1985 schloss die letzte ihre Türen …

Nicht ganz – eine noch bzw. wieder existierende Kaffeeklappe steht in der Stockmeyerstraße. Es ist die Oberhafen-Kantine, die 1925 von einem Hamburger Wirt erbaut wurde. Zwischenzeitlich nicht bewirtschaftet, wurde sie liebevoll restauriert und 2006 wiedereröffnet. Leider hat 2007 eine Sturmflut so schwere Schäden am Gebäude verursacht, dass sie vorübergehend schließen musste. Seit Juni 2008 ist die Oberhafen-Kantine aber erneut hergerichtet, so dass an den schief stehenden Bänken und Tischen wieder Würstchen mit Kartoffelsalat verzehrt werden können.

Eine echte Institution im unwirklich anmutenden Areal der Zollstation Veddel direkt am Freihafen in der Tunnelstraße ist die „Veddeler Fischgaststätte", die wohl älteste Fischbratküche Hamburgs. Ein echter Geheimtipp, vor der Tür stehen hier täglich die Gäste Schlange, um einen der insgesamt 45 Plätze zu bekommen.

Der langjährige Eigentümer, Gerd Matthes, stand seit 1967 hinter seinem Fischbratofen und bereitete dort den knusprig gebratenen Fisch zum selbst gemachten Kartoffelsalat – ein echter Genuss. Seit 2006 führt nun das neue Betreiberehepaar Göttsche die Gaststätte ganz im Stil der Vorbesitzer. Der Fisch wird immer noch im alten Fischbratofen von 1947 zubereitet und der Kartoffelsalat nach der alten Rezeptur.

Speiseraum der Kantine „Zum heißen Reifen"

KANTINE

ZUM HEISSEN REIFEN

Neben diesen beiden „Originalen" aus früheren Zeiten eröffneten im Laufe der Zeit zahlreiche Imbissbuden, in denen sich die Trucker und Hafenarbeiter heute mit Kaffee und Imbissgerichten versorgen und – natürlich ganz wichtig – einen kleinen „Klönschnack" halten. Die Buden sind teilweise umgebaute Standardcontainer, die am Straßenrand aufgebaut sind, oder aber rollende Imbisswagen, die zu den Pausen auf die Terminalgelände fahren und von den Hafenarbeitern bereits erwartet werden. Da kaufen sie eine „Dicke" mit Senf oder einen „Bremsklotz" mit Ketchup und Brot.

Teilweise gibt es noch Kantinen auf dem firmeneigenen Gelände der Hafenunternehmen und Terminals. Diese sind meistens an externe Betreiber vermietet und bereiten Essen für die Terminalarbeiter und Gäste wie beispielsweise die vielen Lkw-Fahrer. Das „Menüprogramm" ist oft deftig, und die Portionen sind sehr üppig.

Übrigens, der Ausspruch **„Nee, das geht nicht, da machen wir Halbe"** bedeutet:
Da machen wir Pause. Im Hamburger Hafenjargon ist „Halbe" die Mittagspause.

„Fofftein", auf Plattdeutsch fünfzehn, hingegen ist die kurze Pause. Was die Bedeutung
dieses Begriffs anbelangt, gehen die Meinungen auseinander. Einerseits kann eine
15 Minuten lange Pause gemeint sein, oder es bedeutet, dass man nach 15 beförderten
Säcken oder Fässern eine Pause macht. **„Mok mol Fofftein!"** – Mach mal Pause! –
hört man im Hafen nur noch sehr selten. Säcke und Fässer werden schon lange nicht mehr
per Hand befördert, und auch das Plattdeutsche ist im Hafen so gut wie ausgestorben.

Frikadellenaufzug

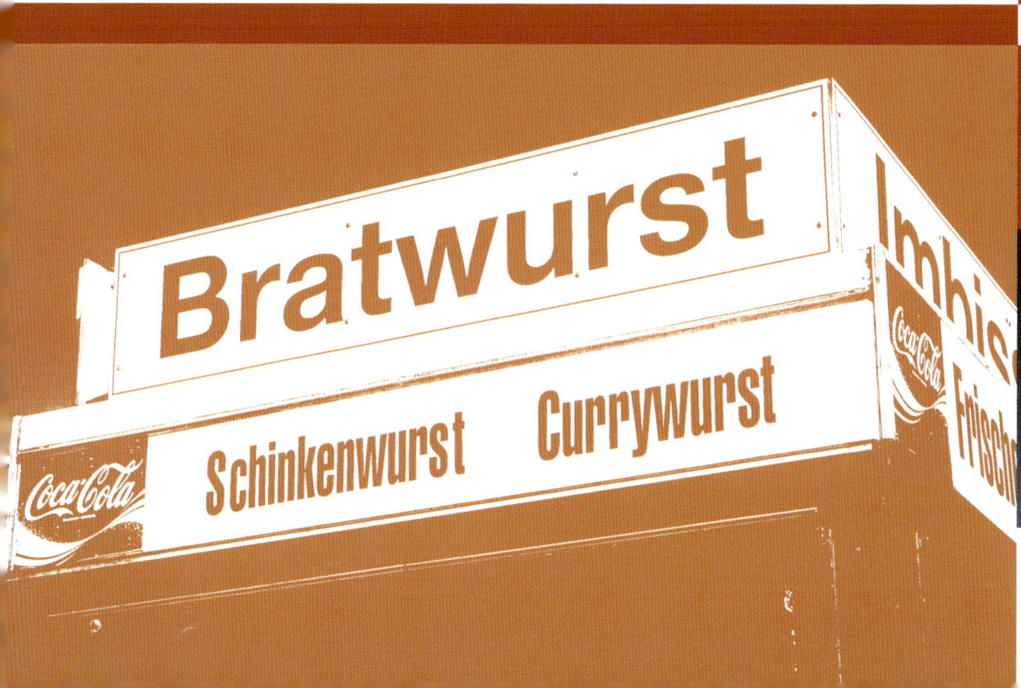

Bratwurst

Schinkenwurst   **Currywurst**

Am Hafenrand ...

Ein echtes Muss auf jeder Speisekarte einer Hafenkantine ist eine
Riesen-Currywurst mit Pommes Frites plus Ketchup und Majonäse.
Diese wird auch „Lascher-Platte" genannt!
Guten Appetit!

Wenn lecker, dann Bier

47

Proviantlieferung pro Jahr für ca. 200 Frachtschiffe

1.	Obst und Gemüse (davon 37.000 kg Kartoffeln)	1.216.528	kg
2.	Zigaretten	17.000.000	Stk.
3.	Eier	600.000	Stk.
4.	Mineralwasser in 1,5 l	120.000	Fl.
5.	Schweinefleisch	90.000	kg
6.	Fisch	90.000	kg
7.	Rindfleisch	80.000	kg
8.	Reis	71.000	kg
9.	Brathähnchen	32.000	kg
10.	Toastbrote	35.000	Stk.
11.	Bier	30.000	Kisten
12.	Pommes	7.500	kg

Zum Vergleich: Diese Mengen entsprechen in etwa dem Jahresbedarf eines einzigen Kreuzfahrtschiffs mittlerer Kategorie.

Für die Versorgung der Schiffsbesatzungen sorgen die sogenannten Schiffsausrüster. Das sind Unternehmen, die sich in den Häfen auf die Belieferung von Schiffen spezialisiert haben. Einige von ihnen liefern nur Spezial-Equipment, andere sind Generalausrüster und halten einen Lagerbestand von über 20.000 Artikeln vor, um von der Seekarte bis zum Waldmeisterpudding wirklich alles an die Kaikante zu liefern, was die Besatzung benötigt. Neben Proviant und Genussmitteln sind das auch Ersatzteile, sämtliche nautische Utensilien, Seenotausrüstungen, technisches und elektrisches Equipment. Und benötigt ein Besatzungsmitglied mal dringend ein Auto im nächsten Hafen, wird auch dies besorgt und an Bord gebracht.

Die Schiffsbesatzungen haben von jeher das Privileg, dass an Bord unverzollte und unversteuerte Ware verbraucht werden darf. Deshalb befinden sich die meisten Schiffsausrüster ebenfalls im Bereich der Freihäfen. Allerdings dürfen nach den in Deutschland geltenden Zollbestimmungen nur diejenigen Schiffe solche Waren verbrauchen, die die deutschen Küstenregionen verlassen! Oftmals haben die Schiffsausrüster Verträge mit den Reedereien, die besagen, dass sie die Schiffe weltweit zu beliefern haben.

Schiffe & Werften

Blohm + Voss gehört zum Hafen wie die Landungsbrücken, der alte Elbtunnel und der Fischmarkt. Hermann Blohm und Ernst Voss gründeten die Schiffswerft und Maschinenfabrik am 5. April 1877. Viele berühmte Schiffe liefen hier im Laufe der Jahre vom Stapel, 1958 etwa das legendäre Segelschulschiff „Gorch Fock", und 1968 wurden die ersten Vollcontainerschiffe für die HAPAG, die Hamburg-Amerikanische Packetfahrt-Actien-Gesellschaft, gebaut. Heute gehört die Werft zur ThyssenKrupp Marine Systems AG, einem Verbund verschiedener Werften und Unternehmen, die im Schiffbau aktiv sind.

Zurzeit werden bei Blohm + Voss keine Handelsschiffe neu gebaut. Die Werft hat sich dafür unter anderem beim Bau von Mega-Yachten weltweit einen Namen gemacht. Diese Schiffe sind an Luxus kaum zu toppen und werden oft komplett unter Verschluss gebaut. Es dringen nur wenige Informationen über Auftraggeber, Maße und Ausstattung der Schiffe nach außen. Dabei handelt es sich nicht selten um Luxus-Yachten, die über einhundert Meter lang sind. Treffenderweise nennt ThyssenKrupp diesen Bereich auf seiner Homepage „L-XXXL Yachts".

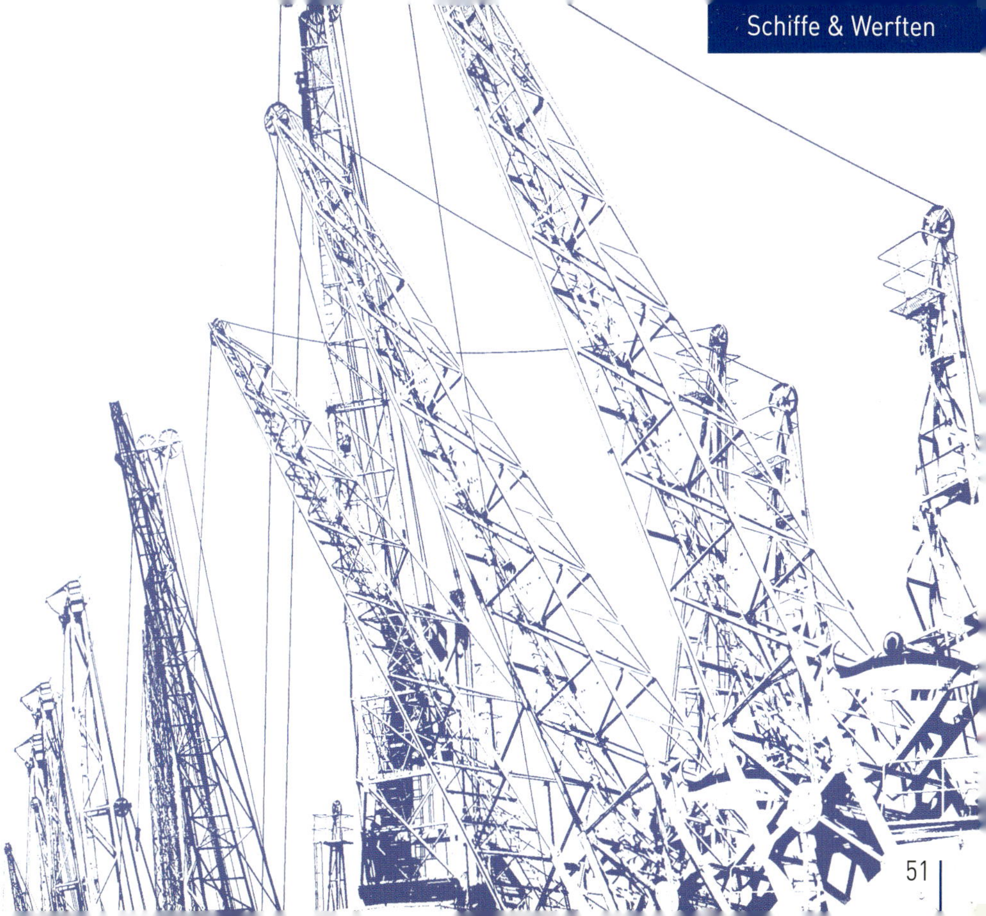

Zum Werftkomplex gehören auch die beiden riesigen Schwimmdocks 10 und 11 gegenüber den Landungsbrücken. Hier werden Schiffe repariert und modernisiert. Das Dock 11 kann mit einer Länge von 320 Metern und einer Breite von 52 Metern riesige Schiffe aus dem Wasser heben. Gern werden die Außenwände der Docks, die von der anderen Elbseite aus sichtbar sind, genutzt, um großformatige Plakate anzubringen.

Ein Schwimmdock funktioniert so: Zunächst wird das Dock geflutet. Hierfür öffnet man die Bodenventile, und auf natürliche Weise füllt sich die Unterkonstruktion mit dem Wasser der Elbe – so lange, bis sich der Dockboden unter Wasser befindet. Je nach Tiefgang des Schiffs liegt das Dock dann fünf bis zehn Meter unter der Wasseroberfläche. Anschließend ziehen Hafenschlepper das Schiff ins Dock. Während die mächtigen Pumpen das Wasser wieder aus

der Konstruktion drücken und das Dock zusammen mit dem Schiff aufschwimmt, muss die Position des Schiffs exakt eingehalten werden. Später steht das Schiff dann auf den sogenannten Pallen, zentnerschweren Böcken mit einer Holzplatte als oberem Abschluss. Es gibt hierfür sogar einen eigens angefertigten Pallenplan.

Vom Trockendock „Elbe 17" sieht man von den Landungsbrücken nur das Tor des Docks mit dem Schriftzug „BLOHM UND VOSS DOCK ELBE 17". Ein Trockendock ist eigentlich ein Hafenbecken mit Tor: Um dieses Tor zu öffnen, benötigt man allerdings die Hilfe dreier Hafenschlepper. Das Tor wird mit den Schleppern verbunden – sie nehmen es auf den Haken und ziehen es so zur Seite. Zuvor muss das Dock jedoch geflutet werden.

Richtig spannend wird es, wenn Schiffe wie die Queen Mary 2 mit einer Länge von 345 Metern ins Dock gehen. Dann wird die Elbe kurzzeitig für den restlichen Schiffsverkehr gesperrt, und selbst die Landungsbrücken sind dann für

Personen unzugänglich. Um das Schiff ins Dock zu ziehen, muss es erst einmal vor dem quer zum Fluß liegenden Dock in Position gebracht werden. Bei diesem Manöver kommt das Heck des Schiffs den Landungsbrücken sehr nahe.

Viele verschiedene anspruchsvolle und auch weniger anspruchsvolle Arbeiten bietet die Werft ihren Kunden an. Dazu gehören komplexe Projekte wie die Verlängerung eines Kreuzfahrtschiffs ebenso wie der Umbau eines Kabellegers zu einem Versorgungsschiff.

DOCK 1

Zu den nicht ganz so anspruchsvollen
Arbeiten gehört sicher das Anbringen eines
neuen Anstrichs für das Unterwasserschiff.
„Rasieren und Haare schneiden" wird diese
Prozedur im Hafen genannt.

Ein bisschen außerhalb, Richtung Finkenwerder, liegt die zweite größere Werft Hamburgs, die Sietas-Werft. Sie hat eine sehr erfolgreiche und lange Geschichte, steht aber nicht so sehr in der Öffentlichkeit wie Blohm + Voss. 1635 wurde sie gegründet und baute zunächst hölzerne Boote und Kutter. Heute sind es mittelgroße Frachtschiffe. Ein Auftragssegment ist der Neubau der sogenannten Feederschiffe.

Ebenso ein wenig im Verborgenen und seit 1972 zur Sietas-Unternehmensgruppe gehörend, liegt die Norderwerft am Reiherstieg. Auch sie kann auf eine hundertjährige Geschichte zurückblicken. Die Norderwerft ist eine Reparaturwerft, in der Schiffe ihren „TÜV" erhalten, die sogenannte „Klassenerneuerung". Die Auftragsbücher sollen hier gut gefüllt sein, und man blickt zuversichtlich in die Zukunft.

Die von der Sietas-Werft gebauten Feederschiffe sind für die heutigen Warenströme und damit für einen modernen Seehafen von großer Bedeutung. Ihr Name leitet sich aus der Funktion ab (engl.: to feed = füttern). Diese Schiffe sind weltweit gefragt und für den Weitertransport von Containern zuständig. Eine Vielzahl dieser Schiffe kommt täglich nach Hamburg. Sie löschen und laden teilweise innerhalb kürzester Zeit an den verschiedenen Containerterminals und machen sich dann wieder auf den Weg. Von Hamburg, als wichtiges Drehkreuz zwischen den Wachstumsmärkten in Asien und Osteuropa, gehen dann viele Feeder durch den Nordostseekanal, um die Container im Ostseeraum zu verteilen.

Durchschnittliche Feederschiffe haben eine Kapazität von ca. 200 bis 1.500 TEU. Aber auch diese Schiffe werden immer größer.

Neben den vielen Containerschiffen laufen viele andere Schiffstypen Hamburg an. Es gibt die gewaltigen Bulker (Massengutfrachter), Tanker, Schwergutschiffe und natürlich auch Kreuzfahrtschiffe. Im touristischen Sektor erlebt die Kreuzschifffahrt einen besonderen Boom, was Hamburg positiv zu spüren bekommt.

Ein Längenvergleich:

__ 28 m __
Hafenschlepper

97 m
Rickmer Rickmers

159,4 m
Cap San Diego

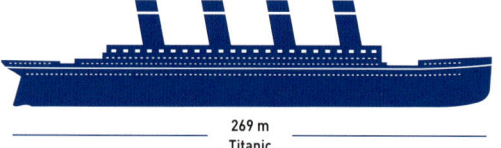

269 m
Titanic

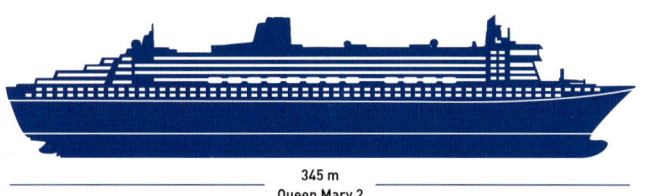

345 m
Queen Mary 2

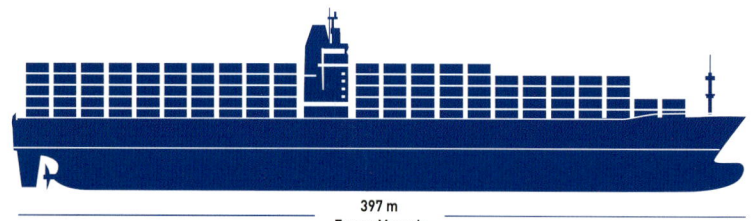

397 m
Emma Maersk

ca. 80 m
Airbus A380

Die Ursprünge der Kreuzschifffahrt sind ebenfalls in Hamburg zu finden. **Der ehemalige Generaldirektor der HAPAG-Reederei, Albert Ballin, erfand die Urlaubsreisen auf See, wenn auch eher aus einer Notlage.** Da Ende des 19. Jahrhunderts die Transatlantik-Passagen im Winter nicht so gut gebucht waren, schickte er seine Schiffe zu dieser Zeit in den Mittelmeerraum. Dort veranstaltete er sogenannte Bildungs- und Vergnügungsfahrten. Dieses Angebot wurde so gut angenommen, dass er Blohm + Voss 1899 mit dem Bau eines Luxusliners beauftragte.

In Hamburg sollen sich die Schiffsanläufe von Kreuzfahrern bis 2010 auf 140 (2007 waren es 88) nahezu verdoppeln. Um all diese Schiffe abfertigen zu können, ist neben dem im Bau befindlichen Kreuzfahrtterminal in der HafenCity ein weiterer Terminal in Altona in Planung. Hamburg anzulaufen ist für die Keuzfahrtreedereien äußerst attraktiv, und entsprechend werden die Routen geplant. Hamburger und Touristen begrüßen diese Schiffe begeistert, und es ist immer wieder herrlich, an den Landungsbrücken zu stehen, wenn so ein Dampfer vorbeizieht. Bei ihrer

Jungfernfahrt 2004 besuchte die Queen Mary 2 Hamburg. Der Kapitän war vom Empfang der vielen Tausend Menschen entlang der Elbe so beeindruckt, dass er sich entschloss, die Passagiere im Morgengrauen mit seinem Schiffshorn zu wecken – das mussten sie einfach sehen!

Ob Containerschiff, ob Bulker oder Kreuzfahrtschiffe, eines haben die dicken Pötte alle gemeinsam, sie besuchen die Häfen der Welt und somit auch Hamburg immer nur für eine sehr kurze Zeit. Ausnahme sind nur die Werftaufenthalte. Anders ist es mit den vielen Spezialschiffen, die im Hafen bleiben. Ganz oben auf dieser Liste stehen natürlich die „Könige im Hafenbecken", die Hafenschlepper oder auch Assistenzschlepper. Sie unterstützen die großen Dampfer bei ihren Hafenmanövern, von denen es im Wesentlichen drei gibt: den **Aufkommer**, ein in den Hafen einlaufendes Schiff, welches Einparkhilfe benötigt, den **Abgang**, ein Schiff, das den Hafen verlässt, und den **Verholer**, die Verlegung eines Schiffs von einem Liegeplatz zu einem anderen. Für diese Manöver fordern die Kapitäne häufig zwei Schlepper an. Der eine assistiert am Bug und der andere am Heck des Schiffs. Die meisten Hafenschlepper liegen kurz vor Oevelgönne. Dort warten sie wie die „Taxis" auf ihren nächsten Auftrag.

Einmal im Jahr, beim Hafengeburtstag, verrichten sie einen ganz besonderen Job – das Schlepperballett. Immer am Samstag um 18 Uhr „tanzen" die mehrere Tausend PS starken knuffigen Schiffe zu Melodien von Johann Strauß vor den Landungsbrücken auf der Elbe. Für Hamburger wie für Nicht-Hamburger ein echtes Highlight, und die Begeisterung beim Publikum ist groß, wenn sie ihre Pirouetten drehen.

Zwischen 3.000 und 5.500 PS haben diese Kraftprotze. Allerdings wird die Leistung nicht in PS, sondern in Tonnen Pfahlzug angegeben. Diese wird durch einen Versuch ermittelt. Der Schlepper zieht dabei an der Schleppleine, die an einem Poller an Land befestigt ist. Zwischen Poller und Leine wird eine Messeinheit installiert, und der Schlepperkapitän „legt dann den Hebel auf den Tisch", gibt also Gas.

Bei stürmischem Wetter spricht die Schlepperbesatzung auch schon mal von „Schlepperwetter" – die großen Schiffe sind durch ihre hohen Aufbauten sehr windanfällig und dann schwierig zu manövrieren. Deshalb sind bei diesen Witterungsverhältnissen die Dienste der Schlepper öfter gefragt. Grundsätzlich besteht für die Kapitäne der meisten Schiffe keine Verpflichtung, einen Schlepper zu bestellen.

Neben den Schleppern deutscher Reedereien, die sich in einer Arbeitsgemeinschaft zusammengeschlossen haben, liegen in Oevelgönne Schlepper aus den Niederlanden. 1996 tobte in Hamburg der legendäre „Schlepperkrieg", weil die ausländischen Kollegen ihre Dienste zu günstigeren Preisen anboten.

Heute ist dieser Streit zum Glück beigelegt. Im Englischen heißt Schlepper übrigens: TUG. Ist dieses Wort in großen Buchstaben an die Bordwand geschrieben, so bedeutet das: An dieser Stelle ist das Seeschiff so konstruiert, dass der Schlepper hier ansetzen kann, um das Schiff beispielsweise an die Kaikante zu drücken. Genau diesen Vorgang nennt man „bugsieren". So heißt übrigens auch eine Reederei in Hamburg, und ihre Schlepper hat sie auch gleich so genannt: „Bugsier 1", „Bugsier 2", „Bugsier 3" usw.

Charakteristisch für den Hamburger Hafen sind die klassischen Barkassen. Seit 1889 fahren Hamburger und Besucher mit ihnen durch den Hafen. Sie gehören zum Bild und fehlen auf keiner Postkarte – und trotzdem: Ihre Zukunft ist ungewiss.

Ursprünglich waren sie die Arbeitspferde im Hafen. In den 1930er Jahren waren mehr als 900 Barkassen unterwegs und hatten die verschiedensten Aufträge zu erledigen. Viele Betriebe, vom ärztlichen Hafendienst über die Hafenpolizei bis zu Großreedereien, schafften sich eine Barkasse an. Stauereien brachten ihre Schauerleute mit Barkassen zu ihrem Einsatzort, und die Schiffsausrüster beförderten Proviant mit ihnen zu den Seeschiffen. Sie erledigten kleinere Schleppaufträge genauso, wie sie Waren und vor allem Personen transportierten. Auch Ausflugsfahrten hat man seit jeher mit Barkassen gemacht. Anfangs waren es immer offene Schiffe, erst später, in den 1950er Jahren, wurde der Fahrgastraum mit Dach und Seitenverkleidungen vor der Witterung geschützt.

Heute gibt es noch knapp einhundert historische Barkassen, die nahezu ausschließlich als Hafenrundfahrtschiffe im Einsatz sind. Sie gelten immer noch als zuverlässige, seegängige und robuste Schiffe. Die Sicherheitsauflagen für die Barkassen wurden allerdings kürzlich erheblich verschärft. Da ein Umbau zur Einhaltung der Vorschriften äußerst kostenintensiv ist, muss man befürchten, dass viele dieser fürs Hafenbild typischen Gefährte über kurz oder lang verschwinden.

Am Hafenrand …

Man kennt Segelschiffe und man kennt Motorschiffe. Die Kombination beider Antriebssysteme ist den meisten Menschen jedoch nicht so geläufig. Die Idee, motorbetriebene Schiffe mithilfe von Windkraft zu unterstützen, ist nicht wirklich neu. Bereits früher gab es immer wieder verschiedene Systeme, die entwickelt und auch getestet wurden. Durchsetzen konnte sich bisher keines von ihnen. Das junge Hamburger Unternehmen SkySails hat diesen Gedanken wieder aufgegriffen und 2001 mit der Entwicklung eines Zugdrachen-Antriebssystems für die gewerbliche Schifffahrt begonnen. Um 10 % bis 35 % soll damit der Treibstoffverbrauch reduziert werden. Bei richtiger Windrichtung sollen es sogar zeitweise bis zu 50 % sein.

Seit Anfang 2008 sind zwei Frachtschiffe als Pilotprojekte mit Testdrachen ausgestattet auf den Weltmeeren unterwegs. Für die Testphase wurde beispielsweise die MS „Beluga SkySails" mit einem 160 m² Zugdrachen ausgestattet. Die Konstruktion für den Drachen befindet sich immer am Bug des Schiffs. Das System wird von der Brücke gesteuert und kann von dort automatisch ausgefahren und ebenso eingeholt werden. Nach der Testphase soll ein Drachen mit doppelter Fläche auf dem Schiff zum Einsatz kommen. Die Reederei rechnet dann mit täglichen Einsparungen von 2.000 US-Dollar bei den Treibstoffkosten. Der erste Testlauf im kommerziellen Betrieb der Schiffe ist also gut gelaufen, und das System hat in Zeiten extrem steigender Energiepreise sicher eine große Zukunft.

Die Mehrzahl der Barkassen liegt an den Landungsbrücken und im Binnenhafen. Ebenfalls in unmittelbarer Nähe liegt ein ganz besonderes Schiff, die Flussschifferkirche. In ihrer Art und Größe Hamburgs und Deutschlands einziges schwimmendes Kirchenschiff.

Aus finanziellen Gründen war ihr Aus 2006 so gut wie besiegelt. 70.000 Euro müssen jährlich für den Unterhalt des Schiffs und den Liegeplatz aufgebracht werden. Seit 2007 wird sie als privater Verein getragen und ist somit keine eigenständige Gemeinde mehr. Dennoch halten heute verschiedene Pastorinnen und Pastoren ehrenamtlich jeden Sonntag um 15 Uhr Gottesdienste ab, außerdem finden regelmäßig Trauungen und Taufen statt. Um die einhundert Sitzplätze stehen im Inneren des von der Norderwerft umgebauten Leichters, einem Schiff ohne eigenen Antrieb, zur Verfügung.

G Geschichte & Zukunft

Der Geburtstag des Hamburger Hafens ist der 7. Mai 1189. An diesem Tag stellte Kaiser Barbarossa Hamburg einen Freibrief aus. Dieser gewährte Schiffen zwischen Hamburg und der offenen See Zollfreiheit und einige andere Zollprivilegien mehr. Immer wieder liest und hört man, dass dieser Brief gefälscht gewesen sein soll.

Das Datum hat sich jedenfalls etabliert, und heute feiert der Hamburger Hafen jedes Jahr um den 7. Mai mehrere Tage seinen Geburtstag. Inzwischen ist er das größte Hafenfest weltweit.

Die großen Windjammern, Museumsschiffe wie auch moderne Yachten kommen zu diesem Ereignis nach Hamburg.

Der Ursprungsort des Hafens liegt im Bereich des heutigen Nikolaifleets, hier haben die ersten Schiffe festgemacht. Im Bereich des ursprünglichen Hauptmündungsarms der Alster in die Elbe stehen noch ein paar alte Kaufmannshäuser als letzte Zeitzeugen am Ufer des Nikolaifleets in der Deichstraße. Sie waren lange Zeit typisch fürs Stadtbild und entlang der Fleete überall zu finden. In den Häusern befand sich alles unter einem Dach, die Wohnung, der Lagerort für Waren und das Büro, das sogenannte Kontor.

Einige Jahrhunderte prägten Segelschiffe, die nach Hamburg kamen, das Hafenbild. Sie ankerten oder machten im Fluss an Dalben fest, und man lud die Waren auf Schuten um. Diese antriebslosen Transportschiffe wurden von Schleppern gezogen und beförderten die Waren über die Fleete, die sich durch die ganze Stadt zogen, zu den Kaufmannshäusern. Das Einlaufen des ersten Dampfschiffs 1816 leitete das langsame Sterben der Frachtsegler ein.

1888 musste sich Hamburg dem Reichszollgebiet anschließen. Bis dahin war eigentlich ganz Hamburg Zollausland, und die Händler und Kaufleute mussten keinen Zoll zahlen. Zuvor hatte Hamburg sich das Recht erkämpft, ein Areal in der Stadt als zollfreies Gebiet auszugrenzen. Es entstand der „Freihafen", ein Gebiet, in dem Waren zollfrei umgeschlagen, weitertransportiert, veredelt und teilweise verarbeitet werden dürfen. Dafür mussten im Vorwege die baulichen Voraussetzungen geschaffen werden. Die Speicher der Kaufmannshäuser, die in der ganzen Stadt verteilt waren, wurden zusammengefasst, und Hamburg beschloss den Bau der Speicherstadt. Auf dem Areal des Kehrwieder- und des Wandrahm-Viertels sollte sie entstehen.

Die 20.000 Menschen, die hier wohnten, verloren ihre Wohnung ohne Entschädigung. Es folgte der Abriss der ca. 1.000 Häuser, und 1885 war Baubeginn des über 300.000 Quadratmeter großen Lagerkomplexes, damals wie heute noch einer der größten dieser Art.

Bis 1910 hat es gedauert, die drei Abschnitte zu errichten, und insgesamt 3,5 Millionen Eichenpfähle wurden von den Bauarbeitern in den Elbsand getrieben, um die Häuser mit einer stabilen Gründung zu versehen. In den Gebäuden befanden sich die Lagerböden und das Kontor, also das Büro. Gewohnt haben die Quartiersleute, Lagerarbeiter und Händler woanders. Damit gab es erstmals eine Trennung von Wohnen und Arbeiten.

1903 wurde das sehr schöne Gebäude, das heutige Verwaltungsgebäude der HHLA, der Hamburger Hafen- und Logistik AG, gebaut. Wegen seiner typischen Rathausarchitektur der Kaiserzeit, erkennbar am Uhrenturm und den Arkaden, erhielt es seinen Beinamen „Rathaus der Speicherstadt". 2001/2002 wurde das Gebäude von Hamburger Architekten aufwendig saniert.

Auf den verschiedenen Lagerböden der Speichergebäude lagerten vor allem Kolonialwaren wie Kaffee, Kakao, Tee und Gewürze. Die Lagerbedingungen innerhalb der teilweise bis zu einem Meter starken Mauerwerkskonstruktionen waren klimatisch ideal.

Säcke, Kisten und andere Behältnisse kamen üblicherweise auf Schuten über den Wasserweg oder auf dem Landweg – früher per Pferdefuhrwerk und später per Lkw.

Die Arbeiter standen damals wie heute an den geöffneten Toren, um die Waren in Empfang zu nehmen. Mit dem hauseigenen Kran wurden sie nach oben gehievt und anschließend per Sackkarre auf dem Speicherboden zum Lagerort gebracht.

Im 19. Jahrhundert nahm der Seehandel mehr und mehr zu, und grundlegende Veränderungen waren nötig. Der damalige Wasserbaudirektor Johannes Dalmann initiierte das erste moderne Hafenbecken mit moderner Kaikante.

Am Hafenrand ...

Wo steht eigentlich Hamburgs ältestes Gebäude? Auf der einzigen Insel Hamburgs, auf Neuwerk. Es handelt sich um den unter Denkmalschutz stehenden Leuchtturm auf Neuwerk! 1310 wurde der Turm – das neue Werk – als Mauerwerksbau fertig gestellt. Er diente anfangs als Wehrturm gegen Piraten und seit 1814 als Leuchtturm für die Schifffahrt. Gute einhundert Kilometer von Hamburg entfernt, mitten im Nationalpark Hamburgisches Wattenmeer, liegt die Insel und gehört zum Verwaltungsbezirk Hamburg-Mitte.

Was war neu? Erstmals wurde ein künstliches Hafenbecken ausgehoben und eine Kaikante errichtet, an der die Schiffe direkt anlegen konnten. Das Becken planten die Ingenieure in Richtung des Flusses, damit die Schiffe beim Anlegen nicht so viel manövrieren mussten. An Land halfen Dampfkräne beim Entladen der Kisten, Ballen, Bündel und Fässer. Zur Weiterverteilung und für die Zwischenlagerung wurde ein Schuppen vorgesehen. Für den Weitertransport konnte die Eisenbahn genutzt werden. 1866 wurde der Sandtorhafen als erstes modernes Hafenbecken eröffnet. Dieses Grundprinzip wurde auf der anderen Seite der Elbe, wohin sich der Hafen später ausdehnte, noch ein wenig verfeinert, aber von der Grundstruktur beibehalten. Diese Art der Abfertigung von Stückgutschiffen hat sich als äußerst effizient erwiesen und hatte weltweit Vorbildcharakter.

Bis weit in die Mitte des 20. Jahrhunderts waren Sackkarre und Muskelkraft Hauptarbeitsmittel. Die Krane standen zwar für den vertikalen Transport zur Verfügung, aber in der Ebene gab es bis 1952 keine Alternative. In diesem Jahr wurde der Gabelstapler erfunden, eine echte Erleichterung und Beschleunigung der Arbeitsabläufe.

Erst mit Einführung des Containers in den 1960er Jahren änderte sich das Bild aller Häfen grundlegend – so natürlich auch in Hamburg. Der Lkw und die Bahn mussten sich auf die Kiste einstellen, die Reeder bauten ihre Schiffe um und später neu. Die Terminals benötigten nicht mehr so viele Kaimeter zum Abfertigen vieler Stückgutschiffe, es war viel wichtiger, eine große Lagerfläche für die Boxen zu schaffen. Das hatte zur Folge, dass die kleinteiligen Hafenstrukturen teilweise nicht mehr genutzt und einige Hafenbecken im Laufe der Zeit zugeschüttet wurden.

Aber was tun mit den ungenutzten Flächen? In Hamburg stellte 1997 der Erste Bürgermeister das Projekt der HafenCity offiziell vor. Es sollten Pläne zur Bebauung der Bereiche der alten und nicht mehr genutzten Hafenstrukturen erstellt werden. Die Hamburger Innenstadt sollte zwischen Kehrwiederspitze und Elbbrücken bis ans Elbufer erweitert werden. Die Architekten und Städtebauer hatten ein Areal von insgesamt 155 Hektar zu beplanen.

Ein Drittel der Gesamtfläche sind Wasserflächen, eben die hafentechnisch nicht mehr genutzten Hafenbecken. Den ausgeschriebenen städtebaulichen Wettbewerb gewann ein deutsch-niederländisches Architektenteam. Auf dessen Grundlage wurde vom Senat im Jahr 2000 der Masterplan für die HafenCity verabschiedet. **Grundidee war eine gemischte Nutzung aus Wohnen und Arbeiten, Freizeit und Gewerbe.** Dafür wurden die notwendigen Infrastrukturen wie Geschäfte, Kindergärten, Schulen und auch eine U-Bahn vorgesehen.

Innerhalb eines Vierteljahrhunderts werden neben Büro- und Gewerbeflächen auch 5.500 Wohnungen für 12.000 Menschen entstehen. Baubeginn des ersten Quartiers der HafenCity war 2003 am Sandtorkai – örtlich ein sehr schöner Bezug zur Geschichte, denn 1866 entstand hier die erste moderne Kaikante, und ca. 140 Jahre später war an gleicher Stelle erster Spatenstich. Zur Realisierung der HafenCity wurden die Speicherstadt und das Areal bis zum Baakenhafen aus dem Hafen- und somit auch aus dem Freihafengebiet ausgegrenzt, denn für ein Wohngebiet ist es denkbar ungünstig, wenn beim Passieren der Zollgrenze der Personalausweis vorzuweisen ist oder die Einkaufstüte kontrolliert wird.

Die Freihafengrenze wurde verschoben. Die Grundstücke in Nähe der Innenstadt, der Speicherstadt und des Hafens erfreuen sich großer Beliebtheit. Unternehmen aus der Logistikbranche und anderen Wirtschaftszweigen siedeln sich hier an. Die Gebäude auf den ehemaligen Kaiflächen am Sandtorhafen und Grasbrookhafen sind schon zum großen Teil fertig gestellt. Zurzeit werden die Grundstücke schneller erschlossen und veräußert als geplant. **Ein spannendes sowie sehr ehrgeiziges Vorhaben und Europas bedeutendstes innerstädtisches Stadtentwicklungsprojekt.**

Auch die Nutzung der unmittelbar an die HafenCity angrenzenden Speicherstadt hat sich geändert. Früher reiner Lagerort, sind die heute unter Denkmalschutz stehenden Gebäude auch für andere Nutzungen äußerst attraktiv. Besonders die Mischung aus traditioneller Hafenfunktion, Büros und kulturellen Einrichtungen machen den Reiz aus.

Der Hafen boomt, und die Wachstumsprognosen im Containerumschlag für die nächsten Jahre liegen im zweistelligen Bereich. Um die enorme Anzahl an Kisten bewältigen zu können, sind verschiedene Maßnahmen notwendig. Es müssen Infrastrukturen erweitert und neu geschaffen sowie großflächige Umstrukturierungen im Bereich des begrenzten Hafengebietes vorgenommen werden. Sollten sich die Prognosen bewahrheiten, dann müssen die Containerterminals im Jahr 2015 18 Millionen TEU in Hamburg umschlagen.

Was bedeutet das? Die zur Zeit geplante Vertiefung der Elbe wird voraussichtlich durchgeführt. Will Hamburg der Schiffsgrößenentwicklung und dem damit einhergehenden größeren Tiefgang der Schiffe standhalten, wird der Schritt aus ökonomischer Sicht wohl notwendig sein. Ökologisch bleibt er sicher zu hinterfragen.

Nach dem derzeitigen Planungsstand wird ein weiterer Containerterminal im Bereich des mittleren Freihafens entstehen. Dafür werden vorhandene Hafenbecken zugeschüttet, für die dort ansässigen Hafenunternehmen müssen entsprechende Ersatzflächen gefunden und bereitgestellt werden. Die charmante Kleinteiligkeit des Hafens wäre dann nur noch in wenigen abgelegenen Gebieten zu finden. Den Plan, Moorburg für die Hafenerweiterung vorzusehen, hat die derzeitige Regierung vorerst gestoppt.

Die Entwicklung des Hafens ist für die Bewohner Hamburgs und der Metropolregion mit Vor- und Nachteilen verbunden.

Das gewaltige Wachstum bedeutet höhere Einnahmen und neue Arbeitsplätze, aber auch zusätzliche Belastung der Verkehrswege und der Umwelt. Das angestrebte städtebauliche Ziel, Hamburgs „Sprung über die Elbe", soll weiter vorangetrieben werden. Traditionell wurde in Hamburg schon immer nördlich der Elbe gewohnt und südlich gearbeitet.

Das zurzeit für die meisten Hamburger wenig attraktive Wilhelmsburg soll „näher" an die Stadt heranrücken. Landschaftlich sehr schön gelegen und eigentlich nur durch die Norderelbe von der Innenstadt getrennt, hat es große Chancen, ein attraktiver Stadtteil zu werden.

Wie die Zukunft auch aussehen mag, für Hamburger wie auch für Besucher wird der Hafen immer eine besondere Rolle spielen. In nur wenigen Städten der Welt liegt der Hafen so zentral und prägt das Stadtbild so entscheidend wie in Hamburg.

R Recht & Ordnung

Der Hafen ist eine internationale Drehscheibe mit einem extrem hohen Verkehrs- und Warenaufkommen, aus dem sich eine Vielzahl sicherheitsrelevanter Aufgaben ergibt. Der Schiffsverkehr muss geregelt, der Personenverkehr überprüft und die Ein- und Ausfuhr der Waren kontrolliert werden. Seit dem 11. September 2001 ist auch die Gefahren- und Terrorabwehr ein Thema für die Stadt Hamburg.

Diese Aufgaben teilen sich zwei Institutionen, der Zoll und die Wasserschutzpolizei, kurz WSP oder umgangssprachlich „WaPo" genannt – und nicht etwa „Waschpo", wie man gelegentlich hört. Den wenigsten ist bekannt, dass die Aufgaben der WSP in Hamburg nicht allein auf die Wasserwege oder den Hafen beschränkt sind. Sie nimmt auch polizeiliche Aufgaben an Land wahr, zum Beispiel die Verhütung und Verfolgung von Straftaten sowie die Regelung des Straßenverkehrs, und auch Einsätze bei Großveranstaltungen gehören zu ihrem Geschäft.

Darüber hinaus liegen zahlreiche weitere Tätigkeiten im Zuständigkeitsbereich der WSP, von denen man das sicher nicht gleich vermuten würde. Da gibt es die Ermittlung bei Verstößen gegen das Lebensmittelrecht, also z.B. die Auseinandersetzung mit Gammelfleisch, die Kontrolle der Einhaltung des Arzneimittelrechts einschließlich Doping und die Gefahrgutkontrolle auf allen Verkehrswegen in Hamburg.

Und auch die Aufgaben im Hafen, die man dieser Truppe schon eher zuweisen würde, sind äußerst vielfältig. Die WSP ist für den grenzüberschreitenden Verkehr zuständig, was nichts anderes bedeutet, als dass jeder Seemann und jeder Passagier, der Hamburg auf dem Seeweg erreicht oder wieder verlässt, von ihr kontrolliert wird. Das waren im Jahr 2007 immerhin fast 600.000 Personen. Die Beamten fahren auf dem Wasser- oder Landweg zu den Schiffen, gehen an Bord und lassen sich die Pässe aller Einreisenden zeigen. Da selbst die großen Containerschiffe mit ungefähr 25 Mann Besatzung auskommen, ist die Prozedur auf den Frachtschiffen recht schnell erledigt.

Kommt allerdings ein Kreuzfahrer mit über 2.500 Passagieren nach Hamburg, dann dauert die ganze Sache schon etwas länger. Dafür gibt es eine Spezialabteilung, die in Ausnahmefällen bereits auf Höhe Cuxhaven an Bord geht, um auf dem Weg bis nach Hamburg die Kontrollen vorzunehmen, oder die Passagiere durchlaufen die „Kontrollboxen" im Hamburg Cruise Center. Denn ohne diesen Check darf keiner das Schiff verlassen.

Beim Besuch der Schiffe werfen die Beamten immer auch einen prüfenden Blick auf die sicherheitsrelevanten Einrichtungen wie zum Beispiel die Rettungsboote. Befinden sich diese in augenscheinlich schlechtem Zustand, kann dem Schiff auch schon mal ein Auslaufverbot erteilt werden.

MarPol (Marine Pollution)-Kontrolle

Da bei Frachtschiffen das richtige Verstauen und die korrekte Kennzeichnung von Gefahrgut eine heikle Angelegenheit ist, wird auch hier genau hingesehen. Entdecken die Polizisten einen unsachgemäß verstauten Container, muss dieser umgelagert werden, egal, wie tief er im Rumpf des Schiffs gelagert ist. Das kann viel Zeit und den Reeder durch die hohe Liegegebühr auch eine Menge Geld kosten. In einzelnen Fällen prüfen die Mitarbeiter der WSP auch das Öltagebuch eines Schiffs.

Dahinter verbirgt sich die Dokumentation der korrekten Altöl-Entsorgung. Sie kalkulieren, dass ungefähr ein Prozent des Treibstoffs eines Schiffs nicht von der Antriebsmaschine verbraucht wird und als Altöl bzw. Schlamm zurückbleibt. Bei einem großen Containerschiff sind das bei Vollgas 3.000 von den insgesamt 300.000 Litern Treibstoff, die solch ein Schiff in 24 Stunden verbraucht. (Die Höchstgeschwindigkeit beträgt 25 Knoten oder ca. 46 km/h.) Diese und andere Schweröl-Rückstände dürfen nach internationalem Abkommen nicht ins Meer gekippt werden. Sie müssen in speziellen Öfen an Bord verbrannt oder in den Häfen fachgerecht entsorgt werden. Anhand der Eintragungen im Öltagebuch wird dies genau überprüft, und wenn es Ungereimtheiten gibt, untersuchen die Beamten schon mal den Maschinenraum, um der Sache vor Ort auf den Grund zu gehen.

Große Aufmerksamkeit erfordert die „Verkehrsregelung" im Hafen und auf den Wasserstraßen. Die zunehmende Größe der Schiffe und die damit einhergehende eingeschränkte Manövrierfähigkeit machen immer mehr Absperrungen erforderlich.

Wenn die Queen Mary 2 mit einer Länge von 345 Metern im Hafen eine ihrer spektakulären 180-Grad-Drehungen vollführt, ist die Elbe für den restlichen Schiffsverkehr gesperrt.

Alltäglicher ist die Regelung des Großschiffsverkehrs zum Containerterminal Altenwerder. Für einige der riesigen Pötte herrscht ein Begegnungsverbot im Köhlbrand. Wenn sie vom Köhlbrand wieder auf die Norderelbe abbiegen, wird der Verkehr auf dem Hauptfahrwasser von einem Boot der Wasserschutzpolizei kurzzeitig gesperrt.

Bei einem Verkehrsaufkommen von 24.000 Schiffsbewegungen im Jahr 2007 ist die Zahl von lediglich zwölf Kollisionen sehr gering. Und auch in Sachen Personenschäden muss die WSP selten tätig werden. Wenn jedoch auf den Terminals etwas passiert, kann dies böse enden: Löst sich eine der tonnenschweren Ladungen von einem Kran und wird dabei ein Gabelstaplerfahrer getroffen, ist das selbst für Hartgesottene kein schöner Anblick. Die notwendigen Ermittlungen gehören auch zum Aufgabengebiet eines Wasserschutzpolizisten.

Seit dem 1.7. 2004 gilt – als Folge der Terroranschläge am 11. September 2001 in New York – in der Europäischen Union der ISPS-Code („International Ship and Port Facility Security Code"). Für die Einhaltung dieser Verordnung zur Gefahrenabwehr auf Schiffen und Hafenanlagen ist ebenfalls die WSP verantwortlich. In Hamburg hat sie für viele Hafenbetriebe federführend eine Risikoanalyse vorgenommen, auf deren Grundlage dann die Gefahrenabwehrpläne der Umschlagsbetriebe basierten und an der sich zahlreiche Maßnahmen orientierten. Der ehemals unkomplizierte Zugang bis an die Kaikante wurde durch vollständige Einzäunung unterbunden und ist nun stark reglementiert. Es ist jetzt nur noch für einen eingeschränkten, ausgewiesenen Personenkreis möglich, diese Bereiche zu betreten. Außerdem muss jedes Schiff an der Gangway eine Einlasskontrolle vornehmen, um unkontrollierten Zugang zu vermeiden. Ein positiver Nebeneffekt dieser Abriegelung des Hafens ist ein Rückgang der Diebstahlsdelikte.

Die scherzhafte Bezeichnung der WSP als „Enten-Polizei" nahm die Crew des Polizeiboots 35 zum Anlass, ein besonderes Maskottchen an der Antenne ihres Schiffs zu befestigen.

Am Hafenrand …

Eine Zuständigkeit, die man ganz bestimmt nicht bei der WSP vermutet, welche aber tatsächlich ausschließlich in ihrem Aufgabenbereich liegt, ist der Schutz der werdenden Mutter. Aktiv werden musste sie hier aber noch nie. Ein Auszug aus dem Gesetzestext:

Gesetz zum Schutz der erwerbstätigen Mutter
Mutterschutzgesetz § 4 Weitere Beschäftigungsverbote
(1) Werdende Mütter dürfen nicht mit schweren körperlichen Arbeiten und nicht mit Arbeiten beschäftigt werden, bei denen sie schädlichen Einwirkungen von gesundheitsgefährdenden Stoffen oder Strahlen von Staub, Gasen oder Dämpfen, von Hitze, Kälte oder Nässe, von Erschütterungen oder Lärm ausgesetzt sind.

Um die vielfältigen Aufgaben an Land wie auf dem Wasser zu bewältigen, verfügt die WSP in Hamburg über ungefähr 530 Beamte. Für die Wasserstraßen unterhält sie 14 Streifenboote in verschiedenen Größen, 14 Katastrophenschutzboote mit flachem Rumpf für Einsätze bei Sturmflut und Hochwasser und zudem kleinere Hilfseinsatzboote.

Für die Überwachung und Kontrolle des Warenverkehrs und damit die Unterbindung des Schmuggels ist im Hafen der Zoll zuständig. Zollrechtlich ist der Hafen in zwei Zonen unterteilt, den Seezollhafen und den Freihafen. Im Seezollhafen müssen alle Schiffe „einklariert" werden, sobald sie am Kai anlegen, das heißt, die Reederei meldet beim Zoll, wann und wo ihr Schiff anlegen wird. Von der Grenzzollstelle fährt dann ein Beamter zum Kai und lässt sich vom Kapitän die Papiere geben, aus denen hervorgeht, welche Waren er löscht, welchen Wert diese haben und wohin sie gehen. Der Freihafen hingegen ist eine Zone, in der Waren umgeschlagen und gelagert werden können, ohne dass sie vom Zoll erfasst werden müssen.

Erst beim Verlassen des Freihafens und der Einfuhr in das Zollgebiet der EU wird der Zoll tätig. Ein Zoll ist nur auf Einfuhren aus sogenannten Drittstaaten, also Nicht-EU-Staaten zu erheben. Die Einnahmen aus den Zöllen fließen sämtlich in den Haushalt der EU. Innerhalb der Europäischen Union gibt es keine Zölle.

Somit ist die Grenze des Freihafens quasi eine EU-Außengrenze und wird von einem 17 Kilometer langen Zollzaun einschließlich Grenzstationen umgeben. In der Vergangenheit war es durchaus sinnvoll, Waren im Freihafen so lange zu lagern, bis auf dem Markt ein Bedarf vorhanden war, und erst dann bei Einbringen in den Wirtschaftsraum der EU die Abgaben dafür zu entrichten. So kam es gelegentlich vor, dass Kakao-Bohnen über zehn Jahre im Freihafen gelagert wurden, bevor sie in den Handel gingen.

Wenn hingegen keine Nachfrage bestand, konnte es passieren, dass die Ware in einen anderen Teil der Erde weiterverschifft wurde. Den Zoll interessierte diese Ware dann nicht.

Zum Thema Schmuggel zunächst eine kurze Erläuterung: Vereinfacht ist Schmuggel die illegale Ein- oder Ausfuhr von Waren. Es gibt unterschiedliche Arten von Schmuggel. Da sind zum einen Schmuggelwaren, deren Einfuhr prinzipiell erlaubt ist, die aber aus politischen Gründen mit einem Zoll (Schutzzölle und Anti-Dumping-Zölle) belegt sind. Beim Import dieser Waren muss also Geld bezahlt werden. Dafür sind sie beim Zoll anzumelden – zu „deklarieren". Geschieht dies nicht bzw. werden falsche Angaben über die Produkte gemacht, um keine oder niedrigere Abgaben zu entrichten, ist das Schmuggel.

Zum anderen gibt es die Waren, deren Ein- oder Ausfuhr generell verboten ist. Antike Ausgrabungsfunde zählen ebenso dazu wie seltene Tierarten und Waffen. Am bekanntesten dürfte aber die Einfuhr von Plagiaten sein. Der Zoll wird im Auftrag eines Markenrechtsinhabers tätig, wenn dieser ein sogenanntes Grenzbeschlagnahmeverfahren beantragt hat. Bei der Produktpiraterie ist nicht nur die Markenfälschung an sich ein Problem, sondern auch die Produktsicherheit spielt eine Rolle. Nicht selten sind die Fälschungen schlechter verarbeitet als die Originale und im schlimmsten Fall sogar gesundheitsgefährdend. Warnende Beispiele hierfür sind Autoersatzteile wie Bremsscheiben, die durch minderwertige Verarbeitung in ihrer Funktion beeinträchtigt sind, oder giftige Textil- und Spielwaren, für deren Herstellung schadstoffbelastete Materialien verwendet wurden.

Im Hamburger Hafen bedeutet die Überwachung des Warenverkehrs zum überwiegenden Teil die Kontrolle von Containern. Bei der enormen Anzahl muss das als eine unlösbare Aufgabe erscheinen, und natürlich können die Beamten nicht in jede Kiste schauen. Deshalb werden auf der Grundlage einer zollspezifischen Risikoanalyse ganz bestimmte Im- und Exportsendungen zur Kontrolle ausgewählt. Tatsächlich guckt der Zoll aber in jeden leeren bzw. angeblich leeren Container, der den Freihafen auf dem Lkw verlässt, damit keine Waren illegal eingeführt werden.

Seit 1996 verfügt der Zoll über eine Einrichtung, die das Durchsuchen von Containern stark vereinfacht und beschleunigt, die

Containerprüfanlage in Hamburg-Waltershof
(CPA). Bei dieser Anlage handelt es sich,
vereinfacht gesagt, um ein riesiges Röntgen-
gerät, in das die Brummis hineinfahren und
von dem sie komplett durchleuchtet werden
können. Hinter bis zu 2,5 Metern dicken
Betonmauern, die einen ausreichenden
Strahlenschutz bieten, sitzen die Zöllnerinnen
und Zöllner und beobachten auf Bildschirmen,
was sich in den Containern befindet.

Ähnlich wie auf einem Flughafen werden die
Fahrzeuge an den Scannern vorbeigeführt.
Natürlich hat der Lkw-Fahrer vorher das
Fahrzeug verlassen, und wie in einer Wasch-
straße wird der Lkw auf Schienen geführt.
Fällt beim Durchleuchten etwas auf, wird
der Lkw zur Auspackhalle gefahren und dort
von den Beamten persönlich in Augenschein
genommen. Anhand der Röntgenbilder
weiß man genau, wo man zu suchen hat.
47.775 dieser Stichproben (das sind immerhin
im Schnitt 130 Lkw pro Tag) wurden 2007
durchgeführt. Dabei ist der Zoll in 477 Fällen
fündig geworden.

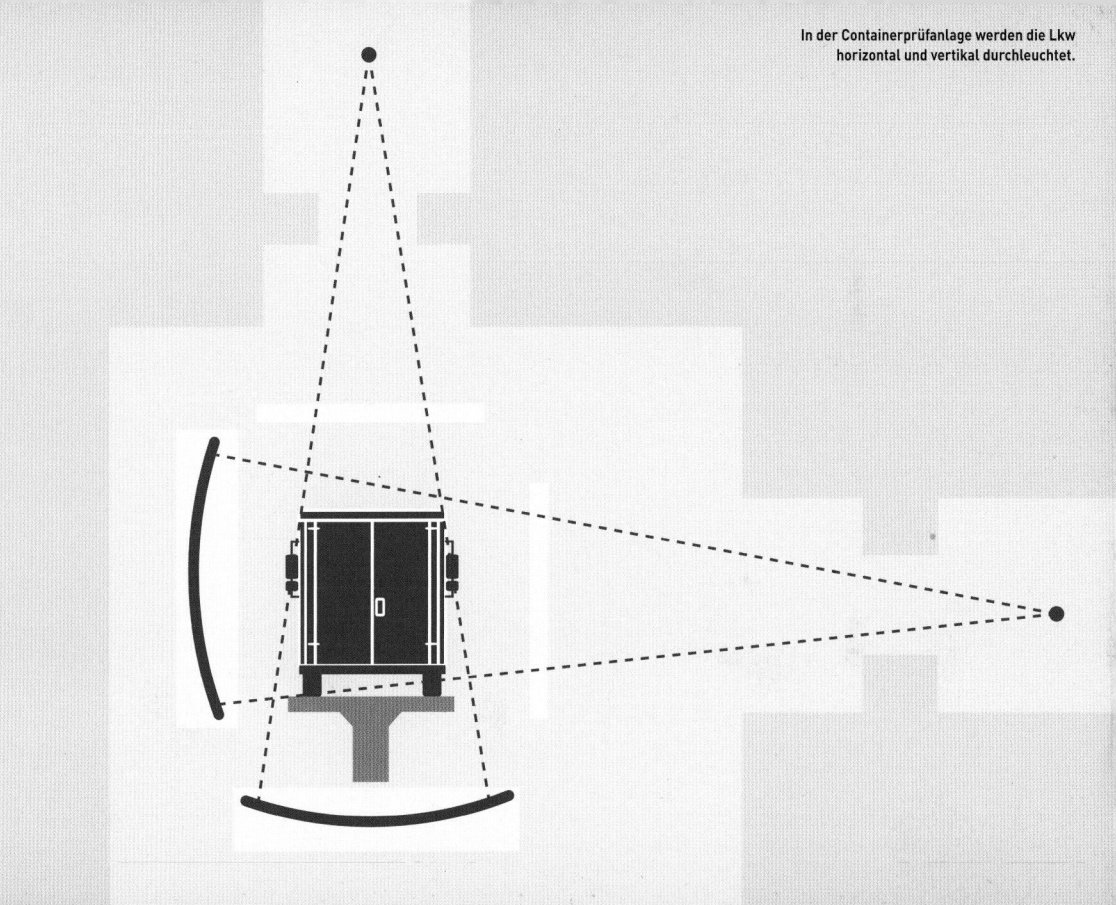

In der Containerprüfanlage werden die Lkw
horizontal und vertikal durchleuchtet.

Auf diesem Röntgenbild entdeckten Fahnder des
Hamburger Zolls quadratische Päckchen im Tank des
Oldtimers. Diese entpuppten sich später als Kokain.

Auch wenn inzwischen modernste Technik eingesetzt wird, bleibt das wichtigste Instrument der Zöllnerinnen und Zöllner ihre Nase – oder besser gesagt ihr Gefühl. Durch langjährige Erfahrung haben sie einen Instinkt entwickelt, der ihnen hilft, dem Schmuggel auf die Spur zu kommen.

Zu einem der spektakulärsten Funde zählen sicherlich die 140 Container mit gefälschten Waren aus China, die man im November 2006 sicherstellen konnte. **Hunderttausende Turnschuhplagiate bekannter Hersteller, falsche Uhren, Textilien und Spielwaren hatte man gefunden. 383 Millionen Euro wären die Waren als Originale wert gewesen.** Ein Teil der Turnschuhe fristet nun sein weiteres Dasein als Bodenbelag auf Sportplätzen. Sie wurden geschreddert und zu Bodenplatten verarbeitet.

„Schwarze Gang" nennt man die Wasserzöllner, die meist aufgrund eines Verdachts an Bord der Schiffe gehen, um nach Schmuggelwaren zu suchen.

Die „schwarze Gang" besteht zum größten Teil aus ehemaligen Seeleuten, die sowohl mit den Schiffen als auch mit den typischen Verstecken bestens vertraut sind.

Trotz des Namens sind ihre Uniformen blau, während die ihrer Kollegen an Land grün sind. Doch wenn sie ein Schiff durchsucht und in den verwinkeltsten öligen Ecken nachgeschaut haben, weiß man, warum sie den Namen tragen.

Für diese Einsätze wird gern ein weiterer wichtiger Mitarbeiter hinzugezogen, der Spürhund. Besonders geeignet sind für diesen Job Hunde mit einem ausgeprägten Spieltrieb wie zum Beispiel Schäferhunde oder Labradore. Dieser Spieltrieb veranlasst sie nämlich, nach bestimmten Gerüchen ausdauernd zu suchen, und wenn der Spürhund etwas gefunden hat, wird er belohnt. Die Hunde sind speziell für bestimmte Schmuggelware abgerichtet. Neben dem Rauschgiftspürhund gibt es einen Hund extra für Tabakprodukte, einen für Sprengstoff und sogar einen Spezialisten für Bargeld.

Möchte man mit eigenen Augen die Geschichte des Zolls, die Tricks der Schmuggler, ihre Verstecke und eine Auswahl an gefälschten Waren sehen, dann ist das Deutsche Zollmuseum in der Speicherstadt, Alter Wandrahm 16, der richtige Ort.

Spür- und Schutzhund „Harry" mit
seinem Herrchen im Einsatz

Natur & Kultur

Wer heute durch den Hafen geht, bringt diesen hochtechnisierten Teil der Stadt zunächst wahrscheinlich kaum mit den Begriffen Natur und Kultur in Verbindung. Das war nicht immer so. Ortskundige Mitsechziger, die den enormen Wandel der letzten vierzig Jahre miterlebt haben, wissen zum Beispiel über das heutige Gelände des Containerterminals Burchardkai der HHLA in Waltershof zu berichten, dass diese Flächen früher als Schrebergartenkolonie genutzt wurden. Dies ist ein guter Ausgangspunkt für einen Streifzug durch Natur und Kultur des Hafens. Genauer gesagt, schräg gegenüber vom Burchardkai auf der anderen Seite der Norderelbe, am Elbstrand der alten Fischersiedlung Oevelgönne, wo man hin und wieder sogar Menschen baden sieht. Ob das in unmittelbarer Nähe eines der größten Seehäfen Europas mit entsprechend hohem Schiffsverkehr der richtige Platz ist, sei dahingestellt. Die Wasserqualität soll zum Glück schon seit Jahren nicht mehr das Problem sein, und im Sommer wird es hier voll wie an manchem Ostseestrand. Dann ist es immer wieder herrlich, mit einem kühlen Getränk in der Hand im Sand zu sitzen und dem Treiben auf der Elbe und drüben am Containerterminal zuzusehen – zu beobachten, wie die dicken Pötte am Athabaskakai gelöscht und geladen werden, wie die Hafenschlepper den Containerriesen beim Ein- und Auslaufen assistieren und die Fähre von St. Pauli nach Finkenwerder tuckert.

Und man sieht natürlich auch den „Bojenmann". Adrett im weißen Hemd und schwarzer Hose steht er auf seinem schwimmenden Untersatz und schwankt, je nach Wellengang mal mehr und mal weniger. Mit seinem reglosen Gesichtsausdruck steht er dort schon seit 1993, als er im Rahmen des Projekts „Kunst im öffentlichen Raum" zu Wasser gelassen wurde. Anfangs dachte man beim Anblick der Figur des Künstlers Stephan Balkenhol tatsächlich an einen in Seenot geratenen oder ausgesetzten Matrosen, und es gab immer wieder Passanten, die die Polizei alarmierten. Mittlerweile gehört er zum alltäglichen Bild, und man ist in jedem Frühjahr glücklich, dass er wieder da ist, der „Bojenmann". Er ist nicht der einzige seiner Art. An drei weiteren Standorten in Hamburg findet man einen der „Vier Männer auf Bojen".

Am nördlichen Ufer der Norderelbe, elbaufwärts, also Richtung Innenstadt, kommt man
nach einiger Zeit zum Gebäude des ehemaligen
England-Fährterminals. Die Reederei stellte
leider 2003 ihren Dienst von Hamburg nach
Harwich wegen ausbleibender Passagiere ein.
Immerhin fuhr sie seit 1969 auf dieser Route
über die Nordsee. Und wer einmal an Bord der
„Prinz Hamlet" solch eine „Minikreuzfahrt"
vorbei an Stade, Cuxhaven und Neuwerk
mitgemacht hat, kann sich vorstellen, wie
traurig das Ende gewesen sein muss.

Auf dem großen leeren Parkplatz des Terminals haben sich inzwischen mehrere trendige Beach-Clubs etabliert. Tausende Tonnen feinster Sand wurden direkt aus der Nordsee abgepumpt und nach Hamburg gebracht. Bei schönem Wetter kommt hier echtes Urlaubsfeeling auf. Die Zukunft der Clubs an diesem Standort ist ungewiss, da es Pläne zur Bebauung dieser Fläche gibt.

Weiter geht es vorbei an der Fischauktionshalle und am bekannten Hamburger Fischmarkt, einem Highlight, das in jedem Reiseführer erwähnt wird. Jeden Sonntag ab fünf Uhr morgens kann man hier von Fisch, Obst, Blumen, Fleisch bis hin zu lebendem Getier alles Mögliche kaufen. Klassischerweise wird der Fischmarkt in den frühen Morgenstunden nach einer durchzechten Nacht auf St. Pauli besucht.

Die Marktschreier, die ihre Waren in „Groß-gebinden" an den Mann bringen, sorgen mit ihren markigen Sprüchen lauthals für Stimmung und sehr spezielle Unterhaltung. Das Hamburger Original „Aale Dieter" ist sicher der bekannteste – und hat inzwischen sogar eine eigene Homepage!

Es geht weiter Richtung St. Pauli Landungs-brücken, vorbei an den legendären Häusern der Hafenstraße. In den 1970er Jahren ging es hier rund um die Hausbesetzerszene hoch her.

Schon lange ist nun Ruhe eingekehrt, und die Bewohner leben heute im Einvernehmen mit den Vermietern in schönster Lage mit Elbblick.

An den Landungsbrücken stößt man auf den Pegelturm und damit auf ein Naturereignis, das in Hamburg mit dramatischen Bildern in Verbindung gebracht wird. Natur heißt auch Naturgewalt, die sich bei einer Sturmflut zeigt. Hamburg wird in unregelmäßigen Abständen von mehr oder weniger schweren Sturmfluten mit hohen Pegelständen heimgesucht.

Die Pegelstände müssen vielleicht kurz erklärt werden: Bezogen auf NN (Normal Null) liegt das mittlere Hochwasser in Hamburg St. Pauli durchschnittlich bei +2,10 Metern NN und das mittlere Niedrigwasser bei durchschnittlich -1,53 Metern NN. Daraus ergibt sich ein mittlerer Tidenhub, also der Höhenunterschied zwischen Hoch- und Niedrigwasser von ca. 3,60 Metern. Das ist wirklich hoch, wenn man bedenkt, dass jedes Schiff, das in Hamburg an der Kaikante liegt, diesen Höhenunterschied ständig mitmachen muss. Die Festmacherlei-nen oder Trossen, mit denen das Schiff an Land verbunden ist, müssen stets angepasst werden. Ablesen kann man den jeweiligen Wasserstand der Elbe direkt am Pegelturm an den Landungsbrücken. Unter der Uhr ist der Wasserstand in Dezimetern angegeben.

Diese Anzeige bezieht sich auf das sogenannte Seekartennull, die Zahl 40 entspricht beispielsweise dem mittleren Hochwasser. Wird nun der normale Pegel von St. Pauli um ca. 1,50 Meter überschritten und erreicht die Marke dort so um die + 3,50 Meter NN, spricht man von einer Sturmflut. Eine Steige-rung ist die Überschreitung um 2,50 Meter bzw. 3,50 Meter. Dann spricht man von einer schweren oder sehr schweren Sturmflut.

Der Hamburger Fischmarkt liegt beispiels-weise mit seinem Gelände auf einem Niveau von ca. + 3,50 Meter NN. Er befindet sich außerhalb der öffentlichen Flutschutzwände und steht deshalb schnell mal unter Wasser. Im Jahr 2007 gab es immerhin zwölf Sturm-fluten. Da macht es natürlich auch Sinn, dass die Fischauktionshalle so konstruiert ist, dass

das Elbwasser ins Gebäude hinein und auch wieder aus dem Gebäude hinauslaufen kann. Bei Gefahr einer Sturmflut wird hier mit zwei kurz aufeinanderfolgenden Böllerschüssen ca. acht Stunden im Voraus gewarnt. Es emp-fiehlt sich dann, schleunigst die Autos aus dem Überflutungsgebiet zu fahren. Man kommt nach Schließen der Flutschutztore nicht mehr raus.

Bei einer Sturmflut ist der Wind besonders kräftig bis stürmisch und kommt über Stunden aus westlicher Richtung. Das hat zur Folge, dass eine Menge Wasser von der Nordsee in die Elbe hineingedrückt wird. Eine ähnliche Situation und damit eine sehr schwere und äußerst dramatische Sturmflut erlebte Hamburg 1962, bei der 315 Menschen ums Leben kamen. Der Pegel kletterte auf 5,70 Meter über NN, ein Stand, für den die Flut-schutzanlagen damals noch nicht ausgelegt waren. Der damalige Innensenator und spätere Bundeskanzler Helmut Schmidt übernahm das Katastrophenmanagement und meisterte die Aufgabe hervorragend.

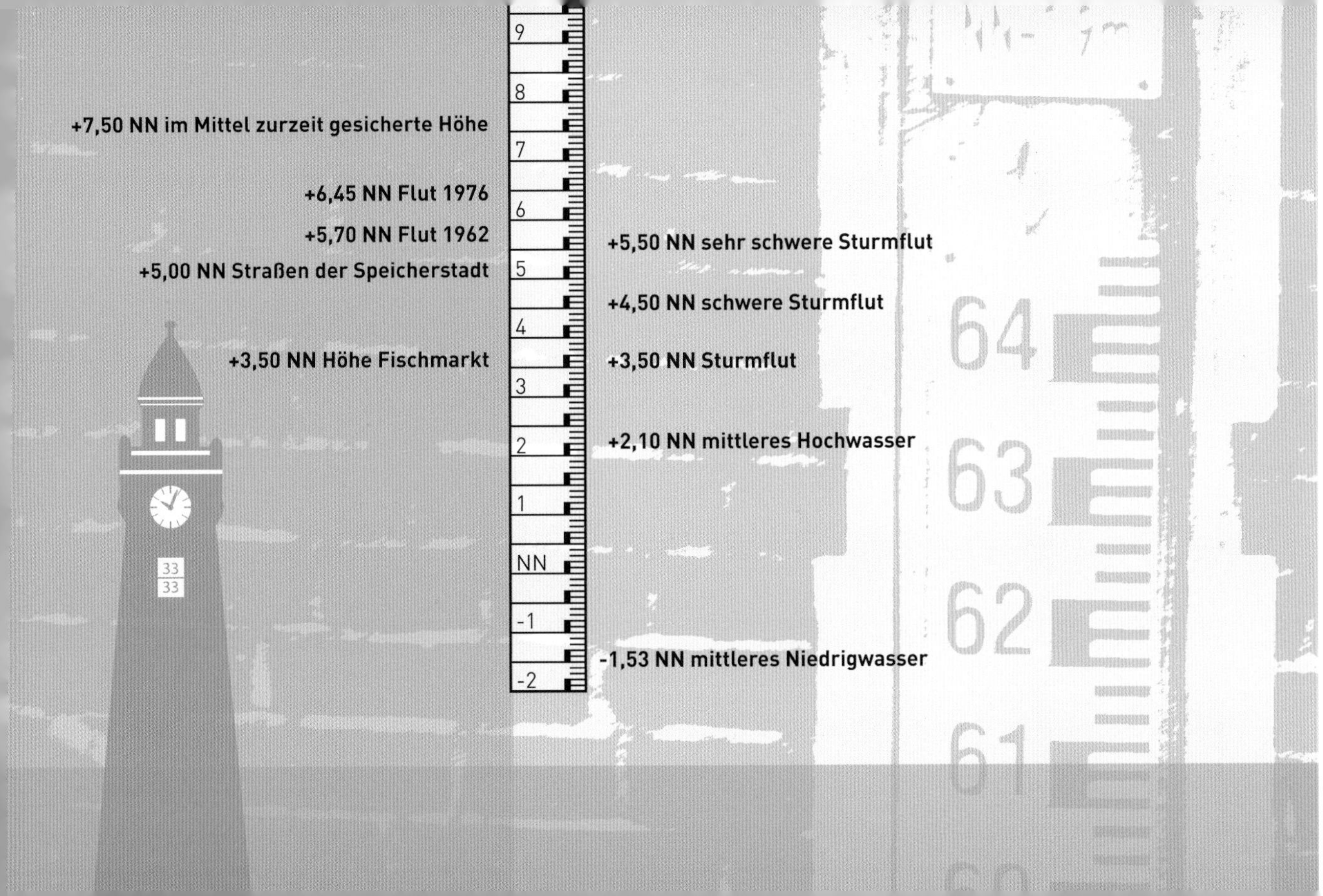

+7,50 NN im Mittel zurzeit gesicherte Höhe

+6,45 NN Flut 1976

+5,70 NN Flut 1962

+5,00 NN Straßen der Speicherstadt

+3,50 NN Höhe Fischmarkt

+5,50 NN sehr schwere Sturmflut

+4,50 NN schwere Sturmflut

+3,50 NN Sturmflut

+2,10 NN mittleres Hochwasser

-1,53 NN mittleres Niedrigwasser

9
8
7
6
5
4
3
2
1
NN
-1
-2

64
63
62
61

Die schwerste Sturmflut ereignete sich 1976. Der Pegel der Elbe erreichte + 6,45 Meter NN, der höchste, der je in Hamburg gemessen wurde. Hier waren die Schäden glücklicherweise weitaus geringer als bei der Flut von 1962, weil nach dieser Katastrophe der Hochwasserschutz und die Warnsysteme in Hamburg grundsätzlich überdacht und verbessert wurden.

Das Thema Flutschutz ist auch heute in Hamburg noch aktuell. Die weltweite Klimaveränderung und deren Folgen wie zum Beispiel das Ansteigen der Meeresspiegel müssen auch in Hamburg berücksichtigt werden.

Von den Landungsbrücken geht es nun in einem großen Sprung herüber bis zur Bunthausspitze. Ein ganz spezieller und sehr schöner Ort, an dessen Spitze ein kleiner hölzerner Leuchtturm steht. Hier teilt sich die Elbe. Aus Dresden kommend, fließt hier der Strom in Norder- und Süderelbe weiter. Die beiden Elbarme umschließen den größten Teil des Hamburger Hafens. Das ist dann auch der Wendepunkt der Wanderung. Liefe man jetzt wieder zurück elbabwärts, also Richtung Nord-Westen nach Cuxhaven, so wäre man bis zum Meer lange unterwegs, in ca. 120 Kilometer Entfernung mündet dort die Elbe als breiter Strom in die Nordsee.

Brautpaare,
die in Altenwerder heiraten,
pflanzen hier
Bäume der Hoffnung.

Auf dem Weg gibt es aber schon bald anderes zu entdecken, vorbei am Harburger Hafen erreicht man nach der Kattwyk-brücke den CTA, den Container Terminal Altenwerder. Hier, kurz vor dem Terminal, liegt ein etwas skurriles Gelände. Es handelt sich um eine Grünanlage, die den Containerterminal noch vom Ort Moorburg trennt. Sitzt man hier auf der Bank, hat man unweigerlich den Eindruck, dass die riesigen Container-brücken immer mal wieder nach Moorburg herübergucken, um anzudeuten, dass auch sie bald dorthin kommen werden. Dazu muss man wissen, dass Moorburg möglicherweise zum Gebiet der Hafenerweiterung erklärt wird. Zwar ist bisher noch niemand an die Grundeigentümer herangetreten, aber dass die Möglichkeit besteht, ahnt jeder, der das Schicksal des Nachbardorfs Altenwerder kennt.

Die Geschichte dieses Fischerdorfs geht zurück bis ins 13. Jahrhundert. In den 1970er Jahren begann man mit der Umsiedlung der ca. 2.000 Einwohner. 1998 verließ der letzte Bewohner Altenwerder, und der Containerterminal wurde gebaut. Im Sommer 2002 ging der Terminal in Betrieb. Doch etwas ist übrig geblieben von Altenwerder. Wenn man heute von Süden kommend auf der Autobahn A7 Richtung Norden in den Elbtunnel fährt, sieht man auf der rechten Seite zwischen Logistikhallen eine einsam stehende Kirche. Als letztes Gebäude des Dorfes Altenwerder genießt sie Bestandsschutz bis zum Jahr 2025.

Jetzt geht's über die Köhlbrandbrücke und ein bisschen „tiefer" hinein in den Hafen. Hier gibt es eine Einrichtung, die unbedingt erwähnt werden soll. Es handelt sich um den internationalen Seemannsclub „Duckdalben" der Deutschen Seemannsmission Hamburg-Harburg e.V. Der Name leitet sich ab von den ins Wasser gerammten Pfählen – früher eine Pfahlgruppe aus drei oder vier Eichenpfählen, heute aus Stahl –, an denen Schiffe festmachen.

Der „Duckdalben" ist ein Treffpunkt für die Seeleute der im Hafen liegenden Schiffe. Die in US-Dollar bezahlten Besatzungsmitglieder haben meist nicht das Geld oder kaum Zeit, sich während der Liegezeiten Land und Leute anzusehen. Selbst die dicksten Pötte liegen oft nicht länger als 48 Stunden im Hafen.

Die Arbeitsverträge der Matrosen, die heute zum größten Teil von den Philippinen kommen, laufen teilweise über ein Jahr, wovon sie ca. neun Monate an Bord der Schiffe verbringen. Auf hoher See ist es immer noch nicht möglich, zu jeder Zeit und an jedem Ort zu telefonieren. Umso wichtiger, dass es den „Duckdalben" gibt. Hier können die Gäste über das Telefon oder über das Internet günstig Kontakt zu ihren Familien aufnehmen. Im sehr liebevoll eingerichteten Gebäude befindet sich in der oberen Etage der „Raum der Stille", ein Andachtsraum für die großen Religionsgemeinschaften. Und besonders gut kommt bei den Seeleuten der Karaoke-Raum an.

Beim Basketball, Billard oder beim Kickern finden die
Seeleute aus allen Nationen Zerstreuung und Freunde.

Im „Raum der Stille" beten u.a. Christen,
Moslems und Juden nebeneinander.

11/07/05

Hi God,

It's nice to be here,
where I can see you in all
forms, in which you exist.
Thanx for being kind to me...
Bless all seafarers around the
world & their families..
Love you always ....

Es geht weiter Richtung Innenstadt. Direkt im Hafengebiet gibt es immer wieder Ecken, wo die Natur ein wenig Fläche zurückerobern konnte. Teilweise schaffen die Umstrukturierungen sonderbare Orte, die so nicht geplant sind, sondern entstehen, weil sich die Hafennutzung völlig geändert hat. Das sind beispielsweise zugeschüttete Wasserflächen wie im Bereich Rodewischhafen/Ellerholzkanal. Noch heute sind diese „verlandeten" Flächen mit Brücken überspannt, und man fragt sich, wer diese nutzt.

An der Australiastraße liegen die sogenannten 50er Schuppen mit dem im Aufbau befindlichen Hafenmuseum. Dies ist eine Kooperation zwischen der Stiftung Hamburg Maritim und dem „Museum der Arbeit". Früher, also vor dem Container-Zeitalter, war der Hafen voll von solchen Gebäuden. Heute stehen die Stückgutschuppen 50, 51 und 52, die die letzten existierenden ihrer Art im Hamburger Hafen sind, unter Denkmalschutz.

Nach und nach werden sie restauriert und in ihren ursprünglichen Zustand gebracht. Das Gelände ist, wie üblich im Hafen, von der „Stiftung Hamburg Maritim" gepachtet, die den Plan verfolgt, hier eine „maritime Erlebniswelt" zu schaffen, in der der klassische Stückgutumschlag gezeigt werden soll.

Wie vor gut fünfzig Jahren sollen sich die Krane (im Hafen sagt man tatsächlich Krane und nicht Kräne) drehen und Säcke, Kisten, Ballen und Bündel vom Schiff heben. Danach gelangt die Ware entweder direkt auf die Waggons der Bahn oder sie landet in den dahinterliegenden Stückgutschuppen.

Einige der alten sanierten Hafenkrane, die teilweise von der Maschinenbaufabrik „Kampnagel" stammen, werden als Museumsstücke in der HafenCity aufgestellt – natürlich auch die Krane des alten Kaispeichers A, die nach Fertigstellung der Elbphilharmonie vor dem Gebäude an der Wasserseite montiert werden sollen.

Museumsschiff Cap San Diego

Zum Ensemble gehört auch das Museums-schiff Bleichen. Es handelt sich hierbei um einen fahrtüchtigen Stückgutdampfer, der wie die Cap San Diego auf der anderen Uferseite, an der Überseebrücke (nahe den Landungs-brücken) besichtigt werden kann. Beim Besuch des Hafenmuseums trifft man auf die zahl-reichen ehrenamtlichen Helfer, oftmals Hafen-arbeiter, die den Hafen noch ganz anders kennen, und es macht Spaß, ihre Geschichten von damals zu hören.

Vom Hafenmuseum weiter Richtung Innenstadt überquert man erneut die Norderelbe und kommt über die Versmannstraße am Sandtor-kai entlang in die Hamburger Speicherstadt.

Die Gebäude, Verbindung zwischen Land- und Wasserseite, werden zum Teil noch in ihrer ursprünglichen Funktion als Lager genutzt. Neben den Lagern alteingesessener Teppich-händler haben sich in der Speicherstadt auch viele kulturelle Nutzungen etabliert.

Die wachsende Zahl von Museen und anderen Attraktionen in diesem Bereich leitet die touristischen Ströme zu den alten Speichern. Die Speicherstadt ist eine beeindruckende, am Abend beleuchtete Kulisse für verschiedene Open Air Veranstaltungen. Und wer Gelegen-heit hat, in den Sommermonaten eine Karte für den „Hamburger Jedermann" zu bekommen, der hat einen wunderschönen Abend vor sich.

Am Kesselhaus ist der Streifzug dann fast zu Ende. Das Kesselhaus aus dem Jahr 1886/87 war damals, wie der Name vermuten lässt, die Energiezentrale im Hafen. Heute befindet sich in dem schönen sanierten Bau ein Info-Center, das mit einem übersichtlichen Modell die Entwicklung der HafenCity zeigt.

Zelten im Hafen?
Nein, ein Kunstprojekt.

Speisefische in der Elbe

1. Aal

2. Barsch

3. Flunder

4. Hecht

5. Lachsforelle

6. Neunauge

7. Stint

8. Zander

Am Hafenrand ...

Hamburgs ältester Einwanderer ist während der Eiszeit vor **400.000 Jahren** aus Skandinavien gekommen, eingebürgert und getauft wurde er am 6. Juni 2000 auf den Namen **„Der alte Schwede"**. Bei Baggerarbeiten in der Elbe hat man ihn gefunden. Anfangs gab es Probleme, den Riesenfindling vom Elbgrund in 15 Meter Tiefe heraufzuholen und ihn an den Strand von Oevelgönne zu legen. Man dachte zunächst nicht, dass der Stein ein so dicker Brocken wäre. Die 217 Tonnen Gewicht, fast zwanzig Meter Umfang und die Höhe von 4,50 Meter machten den ersten Hebeversuchen des Krans wirklich zu schaffen. Der alte Schwede ist zwar nicht der schwerste, aber immerhin der älteste an Festland liegende Findling Deutschlands.

Bauten & Architektur

Die Architektur im Hamburger Hafen ist vielfältig, welche Bauten soll man da in einem Kapitel über Hafenarchitektur vorstellen?

Natürlich müssen die neuen Bauten entlang der Elbe zwischen Landungsbrücken und Oevelgönne, wegen ihrer Lage an der Kaikante gern die Perlenkette genannt, vorgestellt werden. Oder die prestigeträchtigen Wohn- und Bürohäuser sowie die Elbphilharmonie im neuen Stadtentwicklungsgebiet HafenCity. Es gibt aber auch die vielen unscheinbaren Gebäude und Häuser, die mindestens ebenso spannend und interessant sind. Und dann selbstverständlich neben der herausragenden Architektur die spektakulären Verkehrs- und Industriebauten, die zum Teil ganz entscheidend zur rasanten Entwicklung des Hafens beigetragen haben.

Der alte Elbtunnel zum Beispiel. Führen wir uns die Situation um 1910 einmal vor Augen: Mit der fertig gestellten Hochbahn U2 kommen zahllose Arbeiter aus den Vierteln Eimsbüttel und Barmbek in den Hafen, stehen an den Landungsbrücken – auf der anderen Seite der Elbe die großen Hafenbetriebe und Werften, in denen damals etliche Tausend Menschen arbeiteten. Mit Booten und Barkassen kommt man natürlich herüber. Aber wie viel schneller und bequemer wäre es zu Fuß oder mit der Kutsche!

Die Idee für eine unterirdische Querung der Elbe war geboren und der Durchmesser der Röhre mit sechs Metern so gewählt, dass ein Kutscher mit aufrecht gehaltener Peitsche durch den Tunnel fahren konnte.

1911 wurde er in Betrieb genommen und hat damals 10,7 Millionen Goldmark gekostet. Seit 1982 ist die nur knapp unter dem Grund der Elbe liegende Tunnelröhre zusätzlich mit einer Stahlbeton-Konstruktion gegen das Aufschwimmen gesichert. Wenn immer wieder von der Elbvertiefung, d.h. dem Ausbaggern der Fahrrinne, die Rede ist, muss man doch wissen, dass für die großen Containerschiffe wegen ihres Tiefgangs am alten Elbtunnel Schluss ist. Mit einer Erweiterung des Hafens in östlicher Richtung ist also nicht zu rechnen.

Noch heute ist ein Spaziergang durch den alten Tunnel, der inzwischen unter Denkmalschutz steht, ein tolles Erlebnis. Es gibt hier einiges zu entdecken. An den gefliesten Wänden etwa sind in regelmäßigen Abständen kleine Reliefs eingefügt, zum Teil mit lustigen Motiven von allerlei Getier, das in der Elbe kreucht und fleucht.

Auch die Wände der drei Röhren des aus den 1970er Jahren stammenden Neuen Elbtunnels sind mit Kacheln bekleidet. Berüchtigt sind die sogenannten „Fliesenzähler", jene Autofahrer, die so langsam durch den Tunnel schleichen, als wollten sie jeder Fliese einzeln eine Nummer geben. Fällt die Geschwindigkeit allzu sehr ab, mahnt eine geisterhafte Stimme über Lautsprecher: „Fahren Sie zügig, Sie behindern den nachfolgenden Verkehr."

Die vierte und neueste Röhre des Elbtunnels ist eine ingenieurstechnische Meisterleistung. Mit der größten Tunnelbohrmaschine der Welt bohrte man sich auf einer insgesamt 2.560 Meter langen Strecke durch den Elbschlick. Die Hamburger fanden einen schönen Namen für die Maschine. Trude heißt sie: Tief runter unter die Elbe. Der 14,20 Meter hohe und 380 Tonnen schwere Schneidekopf der Maschine steht heute als Industriedenkmal auf dem Hof des Museums der Arbeit in Barmbek.

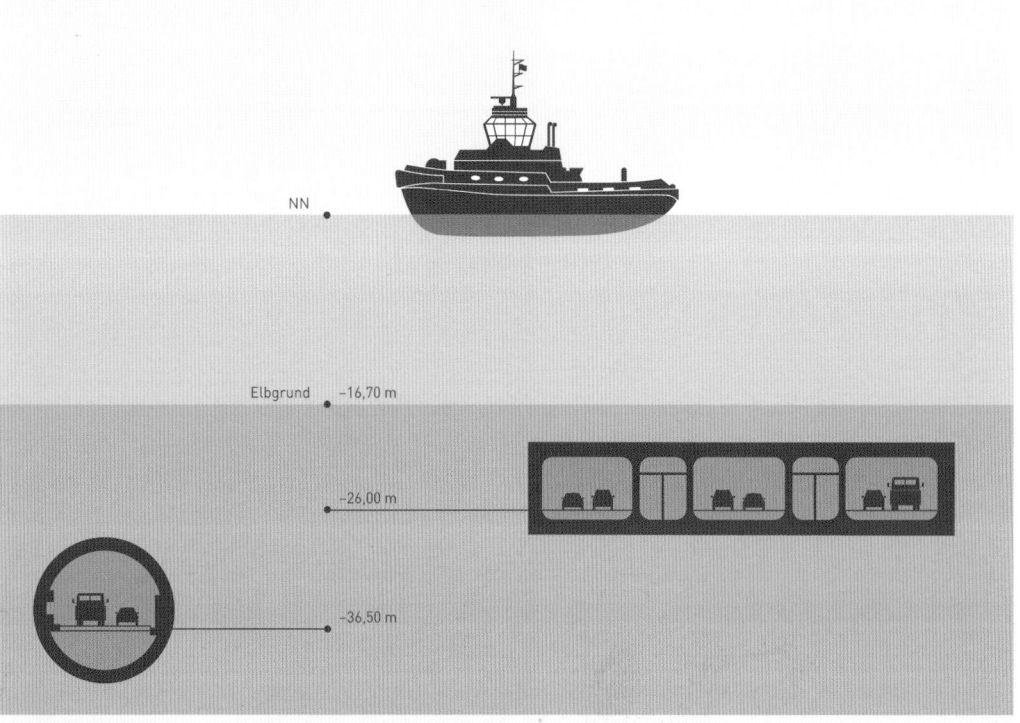

Querschnitt des Neuen Elbtunnels mit 4. Röhre

NN

Elbgrund   –16,70 m

–26,00 m

–36,50 m

Wie der alte Elbtunnel einen begrenzenden Faktor der Hafenentwicklung in der Tiefe darstellt, könnte bald die Köhlbrandbrücke zu einem Hindernis in der Höhe werden. Die momentane Durchfahrtshöhe von 53 Meter reichte bisher aus. Es sei denn, man ist mit einem Schwimmkran unterwegs. Am 20. Februar 1998 kam es zu einer Kollision zwischen dem Ausleger eines solchen Gefährts aus den Niederlanden und der Köhlbrandbrücke. Man hatte an Bord etwas knapp kalkuliert und sich um einige Zentimeter verrechnet. Zwei große Löcher im Stahlhohlkörper der Brücke unter der Fahrbahn waren die Folge. Sie musste für mehrere Stunden gesperrt werden und löste ein großes Verkehrschaos aus.

Betrachtet man die derzeitigen rasanten Größenentwicklungen der Schiffe, dann kann es auch für riesige Containerschiffe bald ein Problem werden, die Brücke bei jedem Wasserstand zu passieren, ohne anzuecken. Darüber hinaus machen aber auch die steigenden Unterhaltskosten für die aus den 1970er Jahren stammende SchrägseilbrückenKonstruktion der Stadt zu schaffen. Es kann also durchaus sein, dass dem dynamischen Wahrzeichen der Hansestadt in nicht ferner Zeit der Abriss droht.

Altersschwach ist inzwischen leider auch die Rethe-Hubbrücke. Darf sie auch, denn sie ist fast vierzig Jahre älter als die Köhlbrandbrücke und stammt aus dem Jahr 1934. Sie stellt im Hafengebiet eine wichtige Verbindung zwischen Neuhof und dem Wilhelmsburger Industriegebiet auf der Hohen Schaar her und ist täglich enormem Güter- und Schwerlastverkehr ausgesetzt.

An eine Sanierung der alten Stahlkonstruktion ist ebenfalls nicht zu denken, schon seit einigen Jahren gibt es Pläne für einen Brücken-Neubau. Nun liegen Entwürfe für eine Klappbrücke vor. Vorteil hier: Der Schifffahrt sind in der Höhe keine Grenzen gesetzt.

Rethe-Speicher

Brücken gibt's in Hamburg so einige. Auf Hafenrundfahrten und Stadtführungen wird gern die Frage gestellt: „Welche Stadt hat mehr Brücken, Hamburg oder Venedig?" Wer auf Italien tippt, liegt voll daneben! Hamburg hat mit ca. 2.500 Brücken um die 2.100 mehr als Venedig zu bieten!

Neben den technisch-praktischen Bauten gibt es im Hafen die ästhetisch ambitioniertere Architektur. Wirft man einen Blick auf die Halbinsel Köhlbrandhöft, so sieht man das Gelände der Hamburger Stadtentwässerung. Die an sich schon in Form und Anzahl recht imposanten dreißig Meter hohen Fauleier sind in den vergangenen Jahren hübsch angezogen worden. Mit silberglänzenden Metallplatten verkleidet und abends in unterschiedlichen Farben beleuchtet, wirken sie fast wie ein kleines Kunstwerk. Die eigentliche Form der zehn Faultürme ist allerdings nicht durch den überschwenglichen Gestaltungswillen eines Bauingenieurs entstanden, sondern soll den im Inneren des Turms ablaufenden Faulprozess unterstützen. Die Maßnahmen der Außenverkleidung dienten in erster Linie der besseren Dämmung, der Faulprozess vollzieht sich bei 35 °C. Sie sind aber auch als Imagewerbung für das ungut riechende Geschäft der Abwasseraufbereitung zu verstehen und bei den Hamburgern entsprechend angekommen.

Die Mitarbeiter der Anlage haben ein ganz eigenes Verhältnis zu ihrem Arbeitsplatz und nennen die Halbinsel am Köhlbrand scherzhaft „ Köddelhöft".

Ein positiver Wandel von stinkender Miefecke hin zum sympathischen Aufenthaltsort hat sich auch an einem der alten Toiletten-Häuschen in der Speicherstadt vollzogen. Das ansehnliche kleine Backsteingebäude befindet sich am Holländischbrookfleet. Seitdem immer mehr Bürogemeinschaften und kulturelle Einrichtungen in die alten Lagerhäuser der Speicherstadt eingezogen sind, wächst auch der Bedarf an Gastronomie. Die ehemaligen Toiletten- oder auch Zollhäuschen sind so idyllisch am Wasser gelegen, warum sollte man sie nicht umnutzen und hier genüsslich seinen Kaffee schlürfen?

Auch an anderer Stelle funktioniert dies, die Nähe zum Hafen und zum Wasser ist immer ein Anziehungspunkt. Ein schönes Beispiel ist der alte Bahnhof der Altonaer Hafenbahn, in den eine Bar mit Live-Club eingezogen ist. Es ist nur noch eine Frage der Zeit, wann die Gebäude der Ellerholz-Schleuse oder die Pumpenhäuschen des ehemaligen Wasserwerks Kaltehofe eine neue Nutzung bekommen. Umnutzen ist überhaupt ein Stichwort. Wenn es möglich ist, in alten Speichern Büros einzurichten und aus Toilettenhäuschen attraktive Cafés zu machen, dann ist es auch nicht so abwegig, dass aus einem Lagerhaus für Kakaobohnen, dem sogenannten Kaispeicher A am Kaiserhöft, eines der größten Konzerthäuser Europas werden soll.

Der Sänger Gunter Gabriel, der in den 1970er Jahren u.a. den Erfolgshit „Hey Boss, ich brauch' mehr Geld" schrieb, lebt seit einigen Jahren auf einem **Hausboot** im Harburger Binnenhafen. Er hat das ehemalige DDR-Arbeitsboot 1998 erworben und fühlt sich sehr wohl auf dem Wasser.

Damit war er seiner Zeit voraus, denn die Stadt Hamburg hat 2006 für diese neue Wohnform eine offizielle Ausweisung von insgesamt 75 stadtnahen Hausbootstandorten beschlossen. Diese werden in den nächsten Jahren nach und nach erschlossen und vergeben.

Im Jahr 2005 beschloss der Hamburger Senat, das Gebäude zur „Elbphilharmonie Hamburg" auszubauen. Der Entwurf für das spektakuläre Gebäude stammt von den Schweizer Architekten Herzog & de Meuron. Ihre Gestaltungsidee ist es, dem bestehenden Backsteinbau eine geschwungene Stahl-Glas-Konstruktion aufzusetzen, die an riesige Wellen erinnert. Neben den beiden Konzertsälen mit 2.150 bzw. 550 Sitzplätzen sollen zusätzlich ein 5-Sterne-Hotel, ein Konferenz-Zentrum und 35 Apartments eingerichtet werden.

Der heute denkmalgeschützte Kaispeicher A wurde in den 1960er Jahren auf über 1.000 Betonpfählen errichtet, die durch den Elbschlick in den darunter ruhenden tragfähigen Sand gerammt wurden. Doch nun soll das Doppelte an Höhe und vermutlich ein Vielfaches an Gewicht obendrauf gebaut werden. Was sonst beim Bauen selten ist: Die Zeit arbeitete für die Ingenieure und die Konstruktion. Im Laufe der Jahre hat sich der Untergrund des Speichers so verfestigt, dass durch das sogenannte „Anwachsen der Pfähle" die Tragkraft und die Belastbarkeit der einzelnen Betonelemente erheblich verbessert wurden.

Dennoch müssen ca. 500 neue Pfähle eingebracht werden, um die zusätzliche Last des gut siebzig Meter hohen Aufsatzes zu tragen. Während der Bauzeit wird die Außenhülle des völlig entkernten alten Speichergebäudes durch ein riesiges blaues Stahlkorsett gehalten. Das Projekt, das großen Rückhalt bei den Hamburger Bürgern findet, wird jetzt schon als das neue Wahrzeichen der Stadt angesehen und soll nach jetziger Planung zur Spielzeit 2011/2012 eröffnet werden.

Elbphilharmonie im Modell der HafenCity

Hamburg ist bekannt für seine Backsteinarchitektur. Dem Stadtplaner und Architekten Fritz Schumacher, der bis 1933 Baudirektor der Hansestadt war, verdankt die Stadt ihr homogenes Erscheinungsbild. Er war ein Vertreter der modernen Architektur und fühlte sich gleichzeitig der regionalen Tradition verbunden. Seine Gebäude kommen schlicht, nordisch und wetterfest daher – natürlich in Backstein. Was in anderen Städten ein strenges Regelwerk vor allem der städtebaulichen Ordnung bewirkte, das schaffte in Hamburg das unausgesprochene Gesetz der Materialwahl. Hier baute man bis Mitte der 1980er Jahre überwiegend in Klinker, dem hochgebrannten wasserabweisenden Ziegelstein.

Und wenn ein Reeder sich ein Kontorhaus errichten ließ, dann durfte das Ganze gern wie ein Schiff aussehen. Maritime Elemente, Gebäudeecken, die wie Bootsrümpfe aufragen, Fenster in Form von Bullaugen und Balkongeländer, die wie eine See-Reling wirken, findet man an vielen Gebäude entlang der Hafenkante. Das Chile-Haus aus dem Jahr 1922 von dem Architekten Fritz Höger ist sicherlich das bekannteste Beispiel.

Seit einigen Jahren wandelt sich das Bild der Hansestadt. Neben Stein wird nun beim Bauen immer mehr Stahl und Glas verwendet. Wie Schiffe sehen die Gebäude immer noch aus – erinnern inzwischen aber eher an elegante Yachten als an stabile Atlantik-Dampfer. Ein Beispiel ist das Bürogebäude der Hamburger Architekten BRT mit dem klangvollen Namen „Dockland". Wenn man oben auf der öffentlich zugänglichen Dachfläche des siebengeschossigen Gebäudes steht und den Blick schweifen lässt, fühlt man sich fast wie ein Kapitän auf der Brücke eines großen Schiffs.

Dass die Formensprache von Schiffen und Gebäuden doch sehr nah beieinander liegt, zeigt das Beispiel der Cap San Diego, dem historischen Stückgutfrachter, der 1961 vom Stapel lief und heute als Museumsschiff an der Übersee-Brücke liegt. Sein Design stammt nicht von einem Schiffbau-Ingenieur, sondern von einem Architekten, Cäsar Pinnau.

Auch andere Bilder und Stilelemente aus dem Umfeld des Hafens werden als Thema in der Architektur gern verwendet. In der HafenCity, dem Stadterweiterungsgebiet südlich der Speicherstadt, entstehen neue Büro- und Verwaltungsgebäude großer internationaler Firmen. Das Head-Quarter einer chinesischen Reederei mit der außen sichtbaren Stahl-konstruktion soll an einen Van Carrier, das hochbeinige Transportfahrzeug auf den Containerterminals, erinnern. Bei dem zurzeit favorisierten Entwurf für das neue Science-Center wird mit verschiedenen Modulen im Container-Format gearbeitet. Es geht sogar noch einfacher und direkter: Das Gebäude des Cruise Centers, dem Terminal der großen Kreuzfahrtschiffe, wurde aus etlichen 40-Fuß-Standard-Containern errichtet.

Allerdings ist es nur ein Gebäude auf Zeit, ein Provisorium, das in den nächsten Jahren wieder verschwinden wird. In der HafenCity passiert im Moment sehr viel. Wenn man im Monatsrhythmus das Areal besucht, ist bei jedem Besuch wieder eine neue Baugrube entstanden, eine Fassade fertig gestellt oder ein Gebäude frisch bezogen. Und das wird noch eine Weile, nämlich mindestens bis ins Jahr 2020, so weitergehen, bis der letzte Bauabschnitt des auf knapp 25 Jahre angelegten Städtebauprojekts abgeschlossen ist.

Der beliebte „ViewPoint", ein auffälliger orange-roter Aussichtsturm, von dem aus man das weitläufige Gelände überblicken kann, wird wohl noch einige Male seinen Standort wechseln müssen.

Güter & Verkehr

Ein Hafen lebt vom weltweiten Warentransport. In einer globalisierten Welt sind die Schnittstellen zwischen Land- und Seetransport entscheidend. Nahezu alle Häfen Nordeuropas profitieren davon, dass die Kosten für den eigentlichen Transport auf See verschwindend gering sind.
Es liegt also nahe, den inneren Teil eines Plasmabildschirms in Asien fertigen zu lassen, das Kunststoffgehäuse in Rumänien zu produzieren und dann alles in Polen zusammenzubauen.

Bevor einige spezielle Warengruppen und teilweise kuriose Transportmittel vorgestellt werden, vielleicht ein paar grundsätzliche Erklärungen: Im Bereich der auf See zu transportierenden Güter gibt es zwei Gruppen, nämlich einerseits das Stückgut (engl. break bulk), das sich am/im Stück transportieren lässt. Das können Kisten, Kartons, Säcke, Fässer und genauso Maschinenteile oder ähnliches sein. Fast das gesamte Stückgut, das früher einzeln im Frachtraum der Schiffe gestapelt wurde, wird heute im Container verschifft.

Der Container selbst ist kein Gut, sondern ein Transportbehälter. Es gibt sogar eine Definition bzw. Zahl, die dem Wandel hin zum Container Rechnung trägt: den sogenannten Containerisierungsgrad, der in Hamburg in den letzten Jahren beim Stückgut bei gut 97 % lag. Das bedeutet, 97 % jeglichen Stückguts gehen im Container um die Welt.

Die zweite Gütergruppe ist das Massengut (engl. bulk). Massengut lässt sich nur in/als Masse transportieren und macht oft eine komplette Schiffsladung aus.

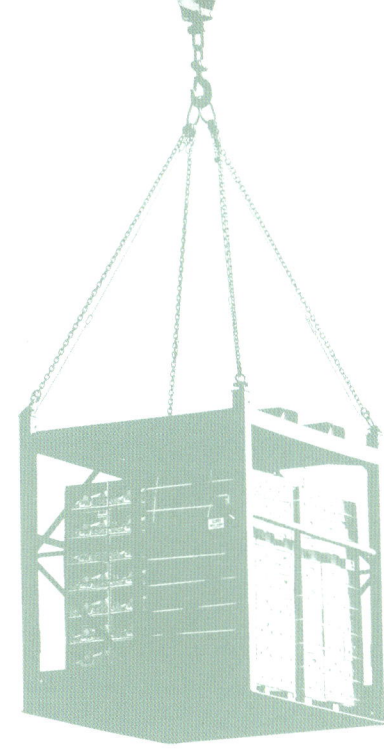

Das können Schrott, Erze, Kohle, Kali, Gase oder Flüssigkeiten sein. Man unterscheidet das Massengut nach seinen unterschiedlichen Umschlagtechniken in Greifergut wie zum Beispiel Erze und Kohle, Sauggut wie z.B. Futtermittel und Getreide sowie die Flüssigladung. Aber auch Massengut lässt sich im Container transportieren. Zum Beispiel Bier für englische Pubs oder Schrott für Recyclingzwecke.

Die Blechkiste ist für den Universalhafen Hamburg sicher die wichtigste Einheit, die umgeschlagen wird, und wird es auch in Zukunft bleiben. Trotzdem sieht man hin und wieder einen Tanker oder auch Erz-Bulker die Elbe herauffahren. Und so steht beispielsweise auch für den Papierumschlag auf den Terminals spezielles Entlade-Equipment zur Verfügung. Die tonnenschweren Papierrollen werden von Gabelstaplern mit riesigen Papierklammern „umarmt" und so weiterbewegt.

Asien, heißt es, sei die Fabrik Europas. Von dort kommen die diversen Elektroartikel, Spielwaren, Kleidung und noch vieles mehr. In umgekehrter Richtung, von Deutschland nach Asien, gehen seit eh und je Maschinen „made in Germany", die auch heute noch weltweit gefragt sind; aber nicht nur neue Maschinen, häufig sind es gebrauchte Anlagen. Es werden teilweise ganze Fabrikanlagen abgebaut, zusammengelegt, im Container verpackt und verschifft.

Der Wunsch eines jeden Reeders, stets voll beladene Schiffe in beide Richtungen fahren zu lassen, geht dabei leider nicht auf. Es herrscht keine Paarigkeit bei den Warenströmen. Das heißt, es gehen zurzeit weit mehr beladene Container von Asien nach Europa als andersherum. Deshalb ist der Transport eines Containers nach Asien erheblich günstiger, als wenn man die Box von Asien nach Europa bucht. Für den Hamburger Hafen ist und bleibt China aufgrund der langjährigen guten Handelsbeziehungen wichtigster Partner. Neben den Gütern aus Asien hat sich Hamburg auch für andere Waren zum zentralen Handelsplatz entwickelt.

Top 10 Stückgut	2007 in 1.000 Tonnen	Containeranteil		2007 in 1.000 Tonnen	Containeranteil
1. Maschinen/Anlagen	6.383	97 %	6. Chemische Grundstoffe	5.534	75 %
2. Chemische Erzeugnisse	6.272	98 %	7. Eisen/Stahl	4.056	84 %
3. Konserven/Nahrung	5.273	88 %	8. Fleisch/Kühlgut	3.883	100 %
4. Diverse Fertigwaren	4.647	100 %	9. Papier/Pappe	3.778	96 %
5. Bekleidung	4.303	100 %	10. Elektroerzeugnisse	3.768	99 %

Top 5 Massengut	2007 in 1.000 Tonnen	Containeranteil
1. Erze	10.425	1 %
2. Mineralölprodukte	7.523	5 %
3. Kohle	5.782	3 %
4. Rohöl	4.811	0 %
5. Ölfrüchte	3.090	12 %

Quelle: Hafen HH Marketing 08

Eine große Rolle spielt in Hamburg traditionell der Kaffee. Deutschland liegt mit seinem Pro-Kopf-Verbrauch von drei bis vier Tassen am Tag zwar nicht an der Spitze der Kaffeetrinkernationen, ist aber für Europa seit langer Zeit der wichtigste Kaffeeimporteur – den ersten Platz belegen übrigens die Finnen mit fünf Tassen pro Tag. Mit jährlichen Umschlagsmengen von über einer Millionen Tonnen gehört der Kaffee zu den wichtigsten Gütergruppen des Hafens. Ob es sich um Sackware im klassischen Sinn oder um lose Schüttung in containergroßen Plastikhüllen handelt, transportiert wird auch der Kaffee größtenteils im Container.

Schon mit dem Bau der Hamburger Speicherstadt und mit Einrichtung des Freihafens entwickelte sich Ende des 19. Jahrhunderts eine Art Kompetenzzentrum in Sachen Kaffee. Alles lag räumlich sehr dicht beieinander, es gab ideale Lagerbedingungen und diverse Dienstleister rund um die Bohne, die in der Speicherstadt vorhandene Zollfreiheit begünstigte die Entwicklung. Und gleich nebenan, in der Kaffeebörse, handelte man den Kaffee, so dass Hamburg zum weltweit drittwichtigsten Handelsplatz für Kaffee aufstieg.

Das Gebäude der Kaffeebörse am Pickhuben 3 existiert in der Speicherstadt noch immer, aber Kaffee wird hier nicht mehr gehandelt. Das passiert nun an den großen Börsen in New York und London. Die Kaffeelager sind heute ebenfalls aus der Speicherstadt verschwunden und liegen draußen im Freihafen. Einige Händler haben ihren Sitz aber noch in dem historischen Lagerhauskomplex. Sie arbeiten heute in herrlichem Ambiente zwischen modernem Seehafen und Innenstadt, in direkter Nachbarschaft der Tee- und Orientteppichhändler.

Das Hauptgut, welches heute in der Speicherstadt umgeschlagen und gelagert wird, sind übrigens eben diese Orientteppiche. Mehrere Millionen Quadratmeter Teppich lagern hier, und das bedeutet, dass nahezu der gesamte Welthandel in Hamburg abgewickelt wird.

Am Hafenrand …

Der weitaus teuerste Kaffee der Welt ist der sogenannte **Katzen-Kaffee „Kopi Luwak"**.
Er kommt aus Indonesien und durchläuft ein sonderbares Veredelungsverfahren.

Was bei der Aufbereitung von gängigen Sorten wie Arabica oder Robusta der Fermentationsbehälter ist, ist beim „Kopi Luwak" schlicht und ergreifend – aber ganz natürlich – der Magen- und Darmtrakt der indonesischen Schleichkatze. Die auf Java lebende Katzenart ernährt sich unter anderem von den Früchten der Kaffeepflanzen. Während der Verdauung der Kaffeekirschen findet, ausgelöst durch Enzyme und die Magensäure, der Veredelungsprozess statt. Nach dem Ausscheiden werden die übrig gebliebenen Kerne, also die eigentlichen Bohnen, einfach eingesammelt. Das weiter-verarbeitete Endprodukt, für das man locker 200 bis 800 Euro pro Kilo bezahlen muss, ist eine Besonderheit. Einige Fluggesellschaften haben ihn heute in der Business-Class im Angebot. Mit seinem außergewöhnlich tiefen, erdigen und milden Aroma soll der Kaffee nach einem Hauch von Schokolade schmecken. Na dann.

Wo liegt eigentlich das „Erzgebirge"? Richtig, im Hafen, gleich neben der Köhlbrandbrücke stadtauswärts in Richtung Waltershof auf der linken Seite. Ständig wachsen und schrumpfen hier die Eisenerz- und Kohleberge bei Hansaport.

So groß wie fünfzig Fußballfelder ist die Freilagerfläche für dieses Massengut. Die Salzgitter Mannesmann GmbH ist am Hansaport beteiligt und das nicht von ungefähr. Als Rohstoff für die Weiterverarbeitung geht das Eisenerz direkt zu den Stahlwerken in Salzgitter oder nach Eisenhüttenstadt, die Kohle ist für die Kraftwerke in Norddeutschland bestimmt. Je etwa die Hälfte davon wird über das Binnenschiff und die Bahn ins Hinterland transportiert. An der Kaikante stehen vier riesige Löschbrücken. Jede von ihnen hat eine gewaltige Baggerschaufel, mit der die Schiffe entladen werden. Wenn diese Schaufel mit einer Kapazität von ca. 25 Tonnen einmal zugreift, dann fasst sie mal eben das Gewicht von 22 VW Golf.

Um Staub zu vermeiden, sprengt ein ausgedienter Milchwagen die Straßen des Hamburger Erzgebirges mit Wasser.

Freilagerfläche für Eisenerz und Kohle:
ca. 358.000 Quadratmeter = 50 Fußballfelder

Auf diese Weise schaffen die Mitarbeiter vom Hansaport eine Umschlag-
leistung von über 100.000 Tonnen an einem Tag, und mit 5.700 Tonnen
laufen hier die schwersten Züge Mitteleuropas vom Hof. Ein äußerst
beeindruckendes Gelände.

Alle Waren und Güter müssen irgendwie transportiert werden. Dafür gibt
es Schiffe, Eisenbahn, Brummis – das ist klar, die gibt es in jedem Hafen
und natürlich auch in Hamburg. Aber wer hat schon mal von einem
Pusher gehört, und was bitteschön passiert mit einem Auto, auf dessen
Scheibe geschrieben steht: „Soll auf Palette"? Diese Fragen werden auf
dem Gelände von Unikai beantwortet, ein Tochterunternehmen der HHLA
mit der offiziellen Adresse Sachsenbrücke/Schuppen 48. Bei Unikai
werden Neu- und Gebrauchtwagen genauso wie riesige Baukrane,
Schiffsschrauben oder auch tonnenschwere Papierrollen umgeschlagen.

Besitzer älterer Fahrzeuge kennen die „Hallo-ich-kaufe-Ihr-Auto"-Zettel.
Die Telefonnummer ruft nur an, wer sein Fahrzeug anderweitig nicht
mehr verkaufen kann. Diese Fahrzeuge sind meistens für Exportländer
bestimmt, in denen deutsche TÜV-Auflagen wenig interessieren.
In Hamburg werden am Unikai viele Schiffe mit diesen Autos beladen.
Oft ist ihr Ziel Afrika.

Bei den Vehikeln, die nicht mehr mit eigenem Antrieb auf das Schiff kommen, muss der „Pusher" ran. Ein Geländewagen, an dessen vorderer Stoßstange zwei dicke Autoreifen herunterbaumeln, schiebt die klapprigen Kisten über das Terminalgelände bis in den Schiffsbauch. In der Rostlaube vorn sitzt natürlich auch ein Mitarbeiter, der die Karre lenkt – ein doller Anblick! Voraussetzung für diese Autos: Brems- und lenkfähig müssen Sie sein, ansonsten kommen Sie auf eine Palette und werden mit dem Gabelstapler bewegt.

Schiffe, in die man Waren direkt hineinfahren kann, sind sogenannte RoRo-Schiffe (engl. roll on/roll off) oder, wie hier bei Unikai oft zu sehen, ConRo-Schiffe: eine Kombination aus Containerschiff und RoRo-Schiff. Diese Dampfer sehen für die meisten Betrachter nicht wirklich wie Schiffe aus, sondern vielmehr wie übergroße schwimmende Schuhkartons. An ihrem Heck kann eine riesige Rampe heruntergeklappt werden.

Die Mitarbeiter von Unikai fertigen auch die Kreuzfahrtschiffe auf der anderen Seite der Elbe am Cruise Terminal ab. Sie sorgen für frische Lebensmittel und kümmern sich um das Gepäck der Passagiere.

An dieser Stelle muss unbedingt noch von Star Wars berichtet werden, ganz richtig – von Star Wars. Wer kann sich nicht an die imperialen Kampfläufer aus den Filmen erinnern? Genauso sehen sie aus, die Ungetüme, die die Container auf den Terminals transportieren. Man nennt sie Van Carrier oder Straddle Carrier, auf Deutsch Portalhubwagen, was man jedoch nirgends auf den Terminals hört. Dort sagt man einfach „VC".

Die hochbeinigen sechzig Tonnen schweren Gefährte transportieren jeweils einen Container. Bei den sogenannten 3-Hoch-Carriern steuern die Fahrer das Gerät auf ca. elf Meter Höhe! Am Lagerort angekommen, können sie sogar die dritte Lage beschicken, indem sie breitbeinig über die bereits gestapelten Container fahren und die Box ganz oben absetzen. Die VCs be- und entladen ebenfalls die Lkw und bringen die Kisten natürlich auch zur Kaikante. Hier warten dann schon die riesigen Super-Post-Panamax-Containerbrücken, um sie aufs Schiff zu hieven.

Eine Containerbrücke besteht aus einem Ausleger, an dem die „Laufkatze" mit dem „Spreader" bewegt werden kann. An der Laufkatze selbst ist die Kanzel des Brückenfahrers montiert. Per Joystick führt er die Manöver zum Be- und Entladen der Schiffe aus. Das präzise Handling kann er durch den gläsernen Boden seiner Kanzel verfolgen. Diese Brücken haben ein Eigengewicht um die 2.000 Tonnen, die Mehrzahl wird heute in Shanghai produziert. Auf einem Spezialschiff stehend, werden die sechs Millionen Euro teuren Konstruktionen von dort nahezu vollständig montiert einmal um den halben Globus geschippert.

Ob die Brückenfahrerinnen oder -fahrer in nahezu fünfzig Metern über dem Wasser wohl den herrlichen Blick über die Elbe genießen können? Dafür haben sie da oben wirklich keine Zeit. Was spielerisch aussieht, ist hoch konzentrierte Arbeit, schließlich können enorme Werte am Haken hängen. Erfahrene Brückenfahrer schaffen die dreißig „moves", also komplette Containerbewegungen, in einer Stunde. Nach vier Stunden endet die Schicht auf der Brücke, in der restlichen Zeit erledigt der Fahrer einen anderen Job.

Zurzeit sind die Containerterminals so ausgelastet, dass neue Brückenfahrer ihre ersten Erfahrungen kaum auf den „wirklichen" Brücken sammeln können. Dafür gibt es eine Simulationanlage, an der im Schichtbetrieb ausgebildet wird. Diese Anlage steht in den Räumen des Fortbildungszentrums im Hafen.

Im Außenbereich des Fortbildungszentrums ist ein Ausbildungsschiff installiert. Hier können die Schüler und Seminarteilnehmer den Hafenumschlag an Bord und an Land üben. Das Ungewöhliche daran, das Schiff steht draußen auf der gepflasterten Hoffläche.

Was bedeutet denn nun eigentlich „Super-Post-Panamax"? Zur Einstufung der Schiffstypen und Größenbezeichnungen wurde die Breite des Panamakanals zugrunde gelegt, besser gesagt die Größe der Schleusen. Schiffe mit einer maximalen Breite von 32,30 Metern sind Schiffe der Panamax-Klasse, sie passen also noch durch. Schiffe, die breiter sind, nennt man Post-Panamax-Schiffe, was bedeutet, dass sie zu breit für die Schleusen sind und um das legendäre Kap Horn herumdampfen müssen.

Schiffe, die mehr als 7.000 TEU laden, oft vierzig Meter und breiter sind, nennt man Super-Post-Panamax-Schiffe. Die größten Containerbrücken in Hamburg können Schiffe bearbeiten, die maximal 22 Container nebeneinander an Bord haben. Diese Dampfer haben immerhin eine Breite von 56 Metern.

Ausbildungsschiff

Hafenplan

1. Oevelgönne
2. Athabaskakai
3. Köhlbrandhöft (Köddelhöft)
4. Hamburger Fischmarkt
5. Blohm + Voss
6. St. Pauli Landungsbrücken
7. Norderwerft
8. Sandtorhafen
9. Speicherstadt
10. HafenCity
11. Kaltehofe
12. 50er Schuppen
13. Mittlerer Freihafen
14. Hansaport
15. Duckdalben
16. Kirche (Altenwerder)
17. Grünanlage
18. Bunthausspitze

CTA - Container Terminal Altenwerder (HHLA)

CTB - Container Terminal Burchardkai (HHLA)

CTH - Container Terminal Hamburg (Eurogate)

CTT - Container Terminal Tollerort (HHLA)

A Elbbrücken

B Neuer Elbtunnel

C Köhlbrandbrücke

D Kattwykbrücke

E Rethe-Hubbrücke

F Alter Elbtunnel

Flaggenalphabet

Das Flaggenalphabet dient der optischen Nachrichtenübermittlung in der Seefahrt. Die Nachrichten, die mittels der farbigen und geometrisch gestalteten Flaggen übermittelt werden, werden als Signal bezeichnet, der Fachausdruck dafür lautet „Heiß".

Im Flaggenalphabet wird jeder der 26 Buchstaben des lateinischen Alphabets durch eine der 26 rechteckigen Flaggen symbolisiert. Daneben besitzt fast jede Flagge des Alphabets eine zusätzliche Bedeutung. Die Flagge „O" etwa signalisiert, dass ein „Mann über Bord" gegangen ist.

Das Flaggensystem ist international gültig und hat seit seiner Festschreibung im Internationalen Signalbuch seit 1901 allgemeine Verbindlichkeit. Vor der Festschreibung existierten zahllose Flaggenalphabete, was vor allem die Kommunikation von Schiffen verschiedener Nationalität erschwerte. Da Flaggenalphabete der militärischen Koordination von Seeschlachten dienten, waren sie geheim und nur für die Kommunikation mit befreundeten Schiffen gedacht.

Buchstabe	Sprechfunk	Morsecode	Bedeutung Einflaggensignal
A	Alfa	· –	„Ich habe Taucher unten; halten Sie sich gut frei von mir bei langsamer Fahrt."
B	Bravo	– · · ·	„Ich lade/lösche/befördere gefährliche Güter."
C	Charlie	– · – ·	„Ja."
D	Delta	– · ·	„Halten Sie sich frei von mir; ich bin manövrierbehindert."
E	Echo	·	„Ich ändere meinen Kurs nach Steuerbord."
F	Foxtrot	· · – ·	„Ich bin manövrierunfähig; nehmen Sie Verbindung mit mir auf."
G	Golf	– – ·	„Ich brauche einen Lotsen."
H	Hotel	· · · ·	„Ich habe einen Lotsen an Bord."
I	India	· ·	„Ich ändere meinen Kurs nach Backbord."
J	Juliett	· – – –	„Halten Sie sich gut frei von mir. Ich habe Feuer im Schiff und gefährliche Ladung an Bord."
K	Kilo	– · –	„Ich möchte mit Ihnen Verbindung aufnehmen."
L	Lima	· – · ·	„Bringen Sie Ihr Fahrzeug sofort zum Stehen!" (z.B. Aufforderung durch die Wasserschutzpolizei)
M	Mike	– –	„Meine Maschine ist gestoppt; ich mache keine Fahrt durchs Wasser."
N	November	– ·	„Nein."
O	Oscar	– – –	„Mann über Bord!"
P	Papa	· – – ·	„Alle Mann an Bord, Fahrzeug will auslaufen (Hafen)." / „Meine Netze sind an Hindernis festgekommen (See)."
Q	Quebec	– – · –	„An Bord alles gesund, ich bitte um freie Verkehrserlaubnis."
R	Romeo	· – ·	Hat heute keine Bedeutung mehr. Historische Bedeutung: Anzeigen schiffbarer Passage auf Gegenkurs.
S	Sierra	· · ·	„Ich arbeite/fahre rückwärts."
T	Tango	–	„Halten Sie sich von mir frei; ich bin beim Gespannfischen."
U	Uniform	· · –	„Ihnen droht Gefahr."
V	Victor	· · · –	„Ich brauche Hilfe."
W	Whiskey	· – –	„Ich brauche ärztliche Hilfe."
X	Xray	– · · –	„Brechen Sie Ihr Manöver ab. Achten Sie auf meine Signale."
Y	Yankee	– · – –	„Ich treibe vor Anker."
Z	Zulu	– – · ·	„Ich benötige einen Schlepper." / „Ich setze Netze aus (Fischer)."

Hafenschnack

A

Abendwache – Schiffswache in der Zeit von 20 Uhr bis 24 Uhr

Abgang – ein Schiff verlässt den Hafen

ablandig – ablandiger Wind weht vom Land in Richtung See

Abschiedssignal – verlässt ein Schiff den Hafen binnen 24 Stunden, setzt es die Signalflagge P, „den blauen Peter".

abwracken – Ausschlachten eines Schiffswracks

Achterleine – eine Festmacherleine, die vom Heck aus gesehen nach achtern zeigt

achtern – hinten (von der Schiffsmitte aus)

Affenfaust – kugelförmiger Knoten, der eine Wurfleine beschwert (auch als Zierknoten).

Ahoi – Anruf eines anderen Fahrzeugs („ahoi" ist kein Gruß)

AK (voraus) – „Alle Kraft voraus", mit Höchstgeschwindigkeit fahren

Äquatortaufe – Seeleute, die zum ersten Mal den Äquator überfahren, werden bei diesem derben Ritual getauft

aufbacken – Tisch decken

auf dem Teller drehen – Wenden oder Drehen eines Schiffs auf der Stelle

Aufkommer – ein Schiff, das in den Hafen einläuft

ausflaggen – Verlagerung des Heimathafens eines Schiffs ins Ausland aus steuerlichen oder rechtlichen Gründen

ausklarieren – das Erledigen der Zoll- und sonstigen Behördenformalitäten beim Auslaufen aus einem Hafen

Außenbordskameraden – Fische im Meer

B

Backbord – in Blickrichtung Bug linke Seite des Schiffs

Baltisches Meer – die Ostsee

Bambuse – ungelernter, aber cleverer Seemann

Bananenjager – (Aussprache: Bananenjäger) die weißgemalten, schnellen Kühlschiffe

Bergfahrt – Fahrt gegen den Strom, flussaufwärts (Flussschifffahrt)

Bestmann – der erfahrenste Matrose (auch Schlüsselmatrose) auf Küstenmotorschiffen und Fischereifahrzeugen

Blauer Peter – Flaggensignal: Schiff sticht in den nächsten 24 Stunden in See

Blender – Schmuggelschiff

Block – Gehäuse mit Führungs- und Umlenkrolle(n) (Scheiben) für Taue

Brook – sämtliches Tauwerk zur Fixierung beweglicher Gegenstände

Buddel – Flasche

Bulker – (Abk. für bulk carrier) Massengutfrachter für Schüttgut wie Kohle, Erz, Getreide

C

Cargo – Ladung eines Schiffs

Chief – Leitender Ingenieur

Chief Mate – Erster nautischer Offizier

Coil – schwere Ladung

Containerisierungsgrad – gibt an, wie viel der in einem Hafen umgeschlagenen Fracht im Container transportiert wird

Curryklemme – Gerät zum schnellen Einklemmen und Lösen einer Leine (benannt nach Manfred Curry)

corner castings – Eckbeschläge des Containers

D

Dalben/Duckdalben – ins Wasser (in den Grund) gerammte Pfähle, an denen Schiffe festmachen

Dingi – kleines Beiboot

dippen – Grüßen von Schiff zu Schiff, die Flagge wird dabei halb niedergeholt

Dirk – Leine zwischen Mastspitze und Baumnock (Ende des Segelbaums)

Dock – Großanlage zur Trockenlegung von Schiffen (es gibt Trockendocks und Schwimmdocks)

dümpeln – sachte Schiffsbewegung bei Windstille oder vor Anker

durchkentern – vollständiges Kentern eines Schiffs bis zur Kieloben-Lage

E

Eimer – Spottname für ein Schiff

entern – 1. Einnahme eines fremden Schiffs, 2. Ersteigen der Masten über die Wanten = aufentern/niederentern

Erasmus – Schutzheiliger der Seeleute, auch Rasmus

F

Feeder-Schiff – (engl.: to feed: füttern) Zubringerschiff

Fender – kissenartiger Puffer, schützt den Schiffsrumpf gegen Scheuern und Stöße am Liegeplatz

Fensterfisch – Hering in Gelee, gehört zum Schiffsproviant

Festmacher – Hafenberuf, ist zuständig für das „Anbinnen" der Schiffe an Pollern und Dalben

Fettkeller – Maschinenraum

fieren, wegfieren – schwebende Last langsam absenken, ein belastetes Tauende lose geben

Fleischsack – Sack aus Segeltuch, in dem auf kleinen Schiffen in der Ostseefahrt Fleischvorräte aufbewahrt wurden. Der Sack wurde zwecks Konservierung am Mast in die salzige Luft gehievt.

flott – frei schwimmend; im Gegensatz zu „auf Grund" festsitzen; „will wieder flott kommen"

Flottenforz – zu klein geratener Seemann

Foffftein – (plattdeutsch: fünfzehn) kurze Pause

Freigut – zollfreie Ware an Bord eines Schiffs

Fuselfelsen – Insel Helgoland (wegen des zollfrei abgegebenen Alkohols)

G

Galionsfigur – (engl. Figurehead) eine aus Holz geschnitzte Figur, meist eine mit dem Schiffsnamen in Zusammenhang stehende Frauenfigur, die auf Schiffen, vornehmlich Segelschiffen (Windjammer), zur Stützung des Bugspriets angebracht wird

H

Hafenbillard – Versuche einer Chartercrew, ihre Charteryacht im Hafen zu bändigen

Hafenlümmel – in Hamburg: dicke Bockwurst

Halbe – Mittagspause im Hafen

Hallig – kleine Insel im Wattenmeer vor der schleswig-holsteinischen Westküste, nicht eingedeicht

der blanke Hans – Nordseesturm

Havarie – Schiffsunglück wie Grundberührungen, Zusammenstöße, große Ladungsverluste

Heck – Hinterende des Schiffs (ganz achtern)

Hein oder Jan Maat – Durchschnittsmatrose (wie Otto Normalverbraucher)

He lücht – (plattdeutsch: „Er lügt.") Dieser Ausspruch wurde den Barkassenführern im Hafen von anderen Hafenarbeiten bzw. von Besatzungen der vorbeifahrenden Schiffe zugerufen. Sie wollten damit zum Ausdruck bringen, dass es einige der Barkassenführer mit ihren Erklärungen für die Gäste nicht ganz so genau nehmen.

Hohe See – umfasst nach Artikel 86 des Seerechtsübereinkommens von 1982 (SRÜ) alle die Teile des Meeres, die nicht zur ausschließlichen Wirtschaftszone, zum Küstenmeer oder zu den inneren Gewässern eines Staates oder zu den Archipelgewässern eines Archipelstaats gehören

I

IMO – International Maritime Organisation, Unterabteilung der UNO mit Sitz in London, legt internationale Regeln für Seenotfall, Ausbildungsrichtlinien und andere wichtige Regeln der Seeschifffahrt fest

K

kabbelig – unruhige See durch Seegang aus verschiedenen Richtungen

Kaffeeklappen – Volksspeisehallen

kapern – gewaltsames Aufbringen eines Schiffs

Kellerkinder – Maschinenraumpersonal

Kiek ut! – plattdeutsch „pass auf!", Ausruf, wenn z.B. Ladung bewegt wird

in Kiellinie fahren – mehrere Schiffe laufen hintereinander

Kielschwein – innen auf dem Kiel liegende Verstärkung, die gewöhnlich das untere Ende der Masten aufnimmt, auch Binnenkiel

Kielschwein füttern gehen – Veräppelung von Neulingen in der Seefahrt

Kielwasser – Spur, die ein Schiff bei seiner Fahrt im Wasser hinterlässt

Kistendampfer – Containerschiff

Klabautermann – Schiffskobold, der unsichtbar seinen Schabernack treibt und im Schiff klopft und rumort; zeigt entweder durch sein Erscheinen dem Schiff den Untergang an oder achtet im Schiff auf Ordnung, wobei sein Verschwinden auf kommendes Unheil deutet. Solange er an Bord bleibt, macht das Schiff gute Fahrt. Erste urkundliche Erwähnung im 13. Jahrhundert.

Klassenerneuerung – „Schiffstüv"

Klönschnack – Plattdeutsch für kurze Unterhaltung

Klüsen – Öffnungen in der Außenhaut der Schiffswand, durch die Ketten oder Trossen geführt werden; bezeichnet auch Augen, z.B. als Zuruf: „Mach deine Klüsen auf!"

Knagge – (auch engl.: twist lock, engl. twist = verdrehen, lock = Schloss), Stahlverschluss zur Verriegelung von Containern

Knoten – Geschwindigkeitsmaß, 1 kn = 1,852 km/h (1 Seemeile pro Stunde)

Koje – Schlafstätte (Bett) an Bord

Kombüse – Bordküche

Kümo – Abkürzung für Küsten-Motorschiff

L

Labskaus –Seemannsgericht aus Stampfkartoffeln, Pökelfleisch, Rote Beete. Die pürierte Masse sieht nicht gerade appetitlich aus, ist aber sehr lecker, dazu werden Rote Beete (in Scheiben), Rollmops, Spiegelei und Bier serviert.

Lee – dem Wind abgewandte Seite (abfallen: nach Lee drehen)

Leichtmatrose – nautischer Dienstgrad

Log, Logge – Geschwindigkeitsmesser

Logbuch – Schiffsjournal, Schiffstagebuch

Lotse – Geleitsmann, der den Schiffsführer bei schwierigen Passagen, Einfahrten, Kanälen unterstützt, meist ein geprüfter Nautiker mit ausgezeichneten Ortskenntnissen

löschen – Entladen eines Schiffs

Luv – dem Wind zugewandte Seite (anluven: nach Luv, in Windrichtung drehen)

M

Maat – Kollege, Matrose, Seemann, ähnliche Bedeutung wie Jan Maat, in der Mehrzahl „Maaten" auch für Seeleute allgemein; unterer Dienstgrad in der Marine

Manöver – nautisch-technische Maßnahmen, die ein Schiff in eine andere Lage oder geänderte Position bringen (manövrieren)

Mayday (Notruf) – Anruf, der einen Seenotruf im Sprechfunkverkehr einleitet, aus dem franz. „m'aidez!" („Helft mir!")

Messe – Speiseraum an Bord eines großen Schiffs

Morgenwache – Schiffswache in der Zeit von 4 Uhr bis 8 Uhr

Muck, auch Mug – Kaffeebecher

Muckefuck – (dünner) Kaffee oder Kaffee-Ersatz

N

Niedergang – Treppe auf Schiffen

NN – Normalnull – mittlere Meereshöhe der Nordsee; Bezugswert für alle von den Landesvermessungsbehörden bekanntgegebenen Höhenzahlen. Als Normalnull gilt für Deutschland der Nullpunkt des „Amsterdamer Pegels".

O

Öltagebuch – notiert die nachweispflichtige Behandlung und den Verbleib von Ölrückständen

Ölzeug – auch Ostfriesennerz oder Friesennerz, wasserdichte Oberbekleidung für Seeleute

Ostfriesennerz – Segelbekleidung aus Rayon/PVC mit Kapuze (Regenschutzbekleidung), populär in den 1970/1980er Jahren, meistens in gelb

P

Päckchen – Festmachen mehrerer Schiffe längsseits nebeneinander

Palle – Trageeinrichtung beim Schiffbau

Palstek – seemännischer Knoten

Panikwinkel – Krängungswinkel kleinerer Fahrgastschiffe, von den Fahrgästen durch Zusammenströmen auf einer Schiffsseite verursacht; löst Unruhe unter den Schiffsgästen aus und liegt bei etwa 12° Schlagseite

Panamax-Schiff – ein Schiff, das mit einer Breite von maximal 32,3 Metern noch durch die Schleusen des Panamakanals passt

Pfeifen und Lunten aus! – Ruf zum Dienst, der die Freizeit an Bord von Marineschiffen beendet

Planke – starkes Brett (Bohle oder Diele)

Poller – kurzer Pfahl aus Stahl an der Kaikante zur Aufnahme von Festmacherleinen der Schiffe

Pomuchel – Dorsch

Post-Panamax-Schiff – Schiff mit einer Breite von mehr als 32,3 Metern, das nicht mehr durch die Schleusen des Panamakanals passt.

Q

Quartier – Unterkunft

Quast – grober Pinsel

Quiddje – plattdeutsch für jeden Ortsfremden an der Küste, insbesondere wenn er einen anderen Dialekt spricht; vor allem im Hamburger Raum gebräuchlich

R

Recht voraus! – Sichtmeldung genau in Fahrtrichtung

Ree! – Kommando beim Wendemanöver

Reede – Ankerplatz außerhalb des Hafens

Reeperbahn – gerade Bahn von mindestens 300 Metern Länge zur Herstellung von Schiffstauen

Rein Schiff! – Kommando zur gründlichen Reinigung eines Schiffs

RoRo-Schiff – (vom engl. roll on/roll off) Schiffe, deren Ladung auf das Schiff gefahren wird, meistens über eine Heckklappe

S

schanghaien – gewaltsames Anheuern eines Seemanns zu Dienst auf einem Schiff gegen dessen Willen

Schauerleute – Hafenarbeiter, die Schiffe be- und entladen und die Waren an Bord stauen

Schiffsmeldedienst – stellt rund um die Uhr Informationen über Schiffsbewegungen im gesamten Bereich der Deutschen Bucht, auf der Elbe und Weser, im Nord-Ostsee-Kanal und in zahlreichen Häfen entlang der nordeuropäischen See- und Wasserstraßen einschließlich Rotterdam bereit

schmöken – rauchen

Schwatte Gäng (Schwarze Gang) – Bezeichnung für Zollbeamte, die Schiffe nach Schmuggelware durchsuchen; früher auch für Angehörige besonders schmutzanfälliger Berufe im Hafen

Seekiste – Koffer für Seeleute

Seemeile – ein in der Schiff- und Luftfahrt gebräuchliches Längenmaß, entspricht 1,85201 Kilometern (auch nautische Meile)

Shave and a Haircut – Haareschneiden und Rasieren; in der Seeschifffahrt allgemeiner Ausdruck für Routineüberholungen von Schiffen, wenn kein wirklicher Schaden vorliegt

Smut oder Smutje – Schiffskoch

Spreader – (engl. to spread = spreizen) variable Stahlkonstruktion zum Greifen von Containern

Stauerviz – Vormann der Schauerleute

Steuerbord – in Blickrichtung Bug rechte Seite des Schiffs

T

Takelage – Gesamtheit der Masten, Segel, Tauwerke; man unterscheidet stehendes Gut (Tauwerk, das die Masten hält) und laufendes Gut (Tauwerk zur Bedienung der Segel)

Tallymann – kontrolliert und zählt die Ladung

Tampen – Ende einer Leine, seemännische Umgangssprache für Leine

TEU – (englisch: Twenty-foot Equivalent Unit) Maßeinheit des 20-Fuß-Standard-Containers

Tidenhub – Höhenunterschied zwischen Niedrigwasser und Hochwasser

U

überstaut – Ladung, die zuerst von Bord soll, ist durch eine andere überdeckt

V

Van Carrier – (Portalhubwagen) Transportfahrzeug für Container

verholen, Verholung – ein Schiff auf einen anderen Liegeplatz oder Ankerplatz fahren

W

Warschau! – Warnruf: „Achtung!", „Vorsicht!"

Ebbe und Flut

Jeder kennt den Spruch: „Ich habe Ebbe im Portemonnaie." Das ist nicht ganz korrekt. Er müsste eigentlich heißen: „Ich habe Niedrigwasser im Portemonnaie." Ebbe ist der Vorgang des Ablaufens von Wasser, also vergleichbar mit dem Geldausgeben im Supermarkt. Es ist der Zeitraum zwischen Hoch- und Niedrigwasser. Ist das Geld erst ausgegeben und man hat keines mehr zur Verfügung, ist sozusagen Niedrigwasser. Steht man anschließend am Geldautomaten, wäre das Füllen der Geldbörse die Flut, also auflaufendes Wasser. Entsprechend handelt es sich um den Zeitraum zwischen Niedrigwasser und Hochwasser. Ist der Geldbeutel dann prall gefüllt, hat man „Hochwasser im Portemonnaie".

Junius Verlag GmbH
Stresemannstraße 375
22761 Hamburg
www.junius-verlag.de

Text: Michael Martin, Hamburg
Fotografie: Nicole Keller & Oliver Schumacher, Hamburg
Design: Nicole Keller & Sabine Lutz
Printed in Germany 2008
ISBN 978-3-88506-591-3
www.hafenbuch-hamburg.de

Bibliografische Information der Deutschen Nationalbibliothek:
Die Deutsche Nationalbibliothek verzeichnet diese Publikation in der
Deutschen Nationalbibliografie; detaillierte bibliografische Daten sind
im Internet über http://dnb.d-nb.de abrufbar.

Danke

So ein Buch kann nur entstehen, wenn es viele hilfsbereite Menschen gibt. All denen sagen wir: **Herzlichen Dank!**

Nennen und kennen können wir nicht alle. Viele haben im Hintergrund Genehmigungen erteilt, Kontakte hergestellt oder uns bei unseren Besichtigungen begleitet.

Stellvertretend dafür vielen Dank an:
Anne Böcker, Ulf Schönheim und Derek Stafford (Buss Group), Johannes Fried (Zoll), Götz von Elbe, Matthias Burfeind und Hr. Graf (WSP), Anita und Hans Oestmann (Arbeitsgemeinschaft Hamburger Schiffsbefestiger), Michael Krause (Edeka Fruchtkontor), Jan Oltmanns und Anke Wibel (Duckdalben), Finn Börnsen und Rainer Fabian (Vollers), Bernd Sievers (Neptun Schiffsausrüster), Fritz Wilhelm Jensen (HPA), Uwe Köhler, Jan Haase und Anke Maurer (HHLA), Corinna Romke (Eurogate), Bengt van Beuningen (Hafen Hamburg Marketing), Gudrun Clasen (Bugsier-Reederei), Christian Bayer (J.J. Sietas Schiffswerft), Wilfried Horn (BSH), Henning Kühl (SkySails), Matthias Sobottka (Hamburg Wasser), Dirk Peters (Grimaldi), Christiane Hey-Laib (Flussschifferkirche), Ehepaar Göttsche (Veddeler Fischgast-stätte), Joachim Köhn und Hr. Fischer (Unikai), Schahin Nobari (Djavad Nobari), Stefan Winter (Basté & Lange), Fr. Ramp (Zum heißen Reifen), Günther von Ravenzwaay (Oberhafenkantine), Grischa Koch (HafenCity), Klaus Braasch (Stiftung Hamburg Maritim), Caroline Baumgärtner (ma-co), Karin Wielk (Hansaport), Martin Kettner (ThyssenKrupp Marine Systems), Mortimer Griepentrog, Bernd Freytag, Steffi Rieck und Gordon Gröfke.

Ein besonders großes Dankeschön geht an Imke Krausse, sie hat mit vielen hilfreichen Ratschlägen und konstruktiven Hinweisen die Entstehung der Texte unterstützt, und an Sabine Lutz, die mit viel gutem Rat und gekonnter Tat das Design und die Illustrationen mitgestaltet hat.

Bildnachweise

S. 5 – Malcolm McLean, mit freundlicher Genehmigung von Bremenports GmbH & Co. KG

S. 20 – mit freundlicher Genehmigung der Fa. BUSS; Fotograf: Michael Lindner

S. 22 – mit freundlicher Genehmigung der Hamburger Hafen und Logistik AG (HHLA)

S. 23 – Bild 1+3 mit freundlicher Genehmigung der HHLA, Bild 2 mit freundlicher Genehmigung der Fa. BUSS

S. 24 – mit freundlicher Genehmigung der Hamburger Hafen und Logistik AG (HHLA)

S. 26 – mit freundlicher Genehmigung der Fa. BUSS; Fotograf: Hermann Jansen

S. 40 – mit freundlicher Genehmigung der Veddeler Fischgaststätte

S. 63 – mit freundlicher Genehmigung der Fa. SkySails, © SkySails GmbH & Co. KG

S. 67 – mit freundlicher Genehmigung des Staatsarchivs Hamburg

S. 94/95 – mit freundlicher Genehmigung der Pressestelle des Zolls

S. 106 – Bild 2, mit freundlicher Genehmigung von Rüdiger Ziel

S. 153 – Bild klein, mit freundlicher Genehmigung der Fa. Hansaport

Quellen und weiterführende Literatur

Harry Braun/Klaus Rahn: Schlepper & Barkassen, Hamburg 2003

Svante Domizlaff/Milan Horacek: Das große Hamburger Hafen-Buch, Hamburg 1997

Angelica Griem/Richard Fischer: Kaufmannsträume – Die Hamburger Speicherstadt, Heidelberg 1988

Bernd Grützmacher: Elbaufwärts, Hamburg 2006

Ralf Lange/Michael Batz/Gisela Schütte: Speicherstadt und HafenCity – Zwischen Tradition und Vision, Hamburg 2004

Münchner Rückversicherungs-Gesellschaft: Container – Transport. Technik. Versicherung, München 2004

Olaf Preuß: Eine Kiste erobert die Welt, Hamburg 2007

Barbara Thode: Das Hafen-Buch, Hamburg 1984

Daniel Tilgner: Kleines Lexikon Hamburger Begriffe, Hamburg 2007

Hans Jürgen Witthöft: Container – Die Mega-Carrier kommen, Hamburg 2004

Brockhaus, Hamburger Abendblatt, Meyers Lexikon, Wikipedia

Bild-Index

Michael Martin, Nicole Keller und Oliver Schumacher

Die Autoren

Michael Martin wurde 1965 in der Nähe von Cuxhaven geboren, hat Architektur studiert und viele Jahre in Hamburger Architekturbüros gearbeitet. Als „hafenkraft" (www.hafenkraft.de) bietet der Hobbysegler besondere Erlebnisse und individuelle Führungen zwischen historischer Speicherstadt und modernen Containerterminals an. Er hält Vorträge bzw. realisiert Projekte rund um das Thema Hafen. Außerdem ist er als Freier Architekt und Berater in der Logistikbranche tätig.

Nicole Keller wurde 1970 in Baden-Württemberg geboren. Nach Ihrem Kommunikationsdesign-Studium in Augsburg und Paris kam sie im Anschluss an ein Praktikum in San Francisco nach Hamburg und lebt nun seit zwölf Jahren in ihrer Wahlheimat. Sie arbeitet als selbständige Grafik-Designerin und Fotografin.

Oliver Schumacher hat die letzten zwanzig Jahre vorwiegend an Bewegtbildern gearbeitet. Als Colorist ist er für die Farbgestaltung von Werbespots, Musikclips und Spielfilmen verantwortlich. Diese Erfahrung lässt er in seine Fotografie einfließen. Vor zwölf Jahren machte er den Sprung an die Elbe, wo er sich nun zu Hause fühlt.

2005 haben Nicole Keller und Oliver Schumacher den Bildband „Täglich Hamburg" herausgebracht (www.taeglich-hamburg.de).